JEAN RAYMOND 1963

SCIENCES ARTS LETTRES

BIBLIOTHÈQUE NATIONALE

—

DIDEROT

—

Mélanges Philosophiques

PARIS

Librairie de la **BIBLIOTHÈQUE NATIONALE**
L. BERTHIER, Éditeur
Passage Montesquieu (rue Montesquieu)
PRÈS LE PALAIS-ROYAL

Le volume — **25** Centimes
35 CENTIMES RENDU FRANCO DANS TOUTE LA FRANCE
ET L'UNION POSTALE UNIVERSELLE

BIBLIOTHÈQUE NATIONALE

COLLECTION DES MEILLEURS AUTEURS ANCIENS ET MODERNES

DIDEROT

3305

MÉLANGES PHILOSOPHIQUES

PARIS

LIBRAIRIE DE LA BIBLIOTHÈQUE NATIONALE

PASSAGE MONTESQUIEU (RUE MONTESQUIEU)

Près le Palais-Royal

1893

BIBLIOTHÈQUE NATIONALE

COLLECTION DES MEILLEURS AUTEURS ANCIENS ET MODERNES

DIDEROT

—

MÉLANGES PHILOSOPHIQUES

PARIS

LIBRAIRIE DE LA BIBLIOTHÈQUE NATIONALE

PASSAGE MONTESQUIEU (RUE MONTESQUIEU)

Près le Palais-Royal

—

1893

PENSÉES

SUR

L'INTERPRÉTATION

DE

LA NATURE

Quæ sunt in luce tuemur
E tenebris.

Lucret., lib. VI.

~~~◇~~~

AUX JEUNES GENS QUI SE DISPOSENT A L'ÉTUDE
DE LA PHILOSOPHIE NATURELLE

———

Jeune homme, prends et lis : si tu peux aller jusqu'à la fin de cet ouvrage, tu ne seras pas incapable d'en entendre un meilleur. Comme je me suis moins proposé de t'instruire que de t'exercer, il m'importe peu que tu adoptes mes idées ou que tu les rejettes, pourvu qu'elles emploient toute ton attention. Un plus habile t'apprèndra à connaître les forces de la nature ; il me suffira de t'avoir fait essayer les tiennes. Adieu.

P. S. Encore un mot, et je te laisse. Aie toujours présent à l'esprit que la *nature* n'est pas *Dieu*, qu'un *homme* n'est pas une machine, qu'une *hypothèse* n'est pas un *fait*, et sois assuré que tu ne m'auras point compris, partout où tu croiras apercevoir quelque chose de contraire à ces principes.

———

I

C'est de la nature que je vais écrire. Je laisserai les pensées se succéder sous ma plume dans l'ordre même selon lequel les objets se sont offerts à ma réflexion, parce qu'elles n'en représenteront que mieux les mouvements et la marche de mon esprit. Ce seront ou des vues générales sur l'art expérimental, ou des vues particulières sur un phénomène qui paraît occuper tous nos philosophes et les diviser en deux classes. Les uns ont, ce me semble, beaucoup d'instruments et peu d'idées; les autres ont beaucoup d'idées et n'ont point d'instruments. L'intérêt de la vérité demanderait que ceux qui réfléchissent daignassent enfin s'associer à ceux qui se remuent, afin que le spéculatif fût dispensé de se donner du mouvement; que le manœuvre eût un but dans les mouvements infinis qu'il se donne; que tous nos efforts se trouvassent réunis et dirigés en même temps contre la résistance de la nature, et que, dans cette espèce de ligue philosophique, chacun fît le rôle qui lui convient.

II

Une des vérités qui aient été annoncées de nos jours avec le plus de courage et de force (1), qu'un bon physicien ne perdra point de vue, et qui aura certainement les suites les plus avantageuses, c'est que la religion des mathématiciens est un monde intellectuel où ce que l'on prend pour des vérités rigoureuses perd absolument cet avantage

(1) Voyez l'*Histoire naturelle, générale et particulière,* volume I, discours I.

quand on l'apporte sur notre terre. On en a conclu que c'était à la philosophie expérimentale à rectifier les calculs de la géométrie, et cette conséquence a été avouée même par les géomètres. Mais à quoi bon corriger le calcul géométrique par l'expérience? N'est-il pas plus court de s'en tenir au résultat de celleci? D'où l'on voit que les mathématiques, transcendantes surtout, ne conduisent à rien de précis sans l'expérience: que c'est une espèce de métaphysique générale où les corps sont dépouillés de leurs qualités individuelles, et qu'il resterait au moins à faire un grand ouvrage qu'on pourrait appeler *l'Application de l'expérience à la géométrie*, ou *Traité de l'aberration des mesures*.

III

Je ne sais s'il y a quelque rapport entre l'esprit du jeu et le génie mathématicien, mais il y en a beaucoup entre un jeu et les mathématiques. Laissant à part ce que le sort met d'incertitude d'un côté, ou le comparant avec ce que l'abstraction met d'inexactitude de l'autre, une partie de jeu peut être considérée comme une suite indéterminée de problèmes à résoudre après des conditions données. Il n'y a point de questions de mathématiques à qui la même définition ne puisse convenir, et la *chose* du mathématicien n'a pas plus d'existence dans la nature que celle du joueur; c'est de part et d'autre une affaire de conventions. Lorsque les géomètres ont décrié les métaphysiciens, ils étaient bien éloignés de penser que toute leur science n'était qu'une métaphysique. On demandait un jour :

— Qu'est-ce qu'un métaphysicien ?
Un géomètre répondit :

— C'est un homme qui ne sait rien.

Les chimistes, les physiciens, les naturalistes, et tous ceux qui se livrent à l'art expérimental, non moins outrés dans leur jugement, me paraissent sur le point de venger la métaphysique et d'appliquer la même définition au géomètre. Ils disent :

— A quoi servent toutes ces profondes théories des corps célestes, tous ces énormes calculs de l'astronomie rationnelle, s'ils ne dispensent point Bradley ou Le Monnier d'observer le ciel ?

Et je dis : Heureux le *géomètre* en qui une étude consommée des sciences abstraites n'aura point affaibli le goût des beaux-arts, à qui Horace et Tacite seront aussi familiers que Newton, qui saura découvrir les propriétés d'une courbe et sentir les beautés d'un poëte, dont l'esprit et les ouvrages seront de tous les temps et qui aura le mérite de toutes les académies ! Il ne se verra point tomber dans l'obscurité, il n'aura point à craindre de survivre à sa renommée.

IV

Nous touchons au moment d'une grande révolution dans les sciences. Au penchant que les esprits me paraissent avoir à la morale, aux belles-lettres, à l'histoire de la nature et à la physique expérimentale, j'oserais presque assurer que, avant qu'il soit cent ans, on ne comptera pas trois grands géomètres en Europe; cette science s'arrêtera tout court où l'auront laissée les Bernoulli, les Euler, les Maupertuis, les Clairaut, les Fontaine et les d'Alembert. Ils auront posé les colonnes d'Hercule; on n'ira point au delà; leurs ouvrages subsisteront dans les siècles à venir comme ces pyramides d'Egypte, dont les masses, chargées d'hiéroglyphes, réveillent en nous une idée effrayante de la puissance et des ressources des hommes qui les ont élevées.

V

Lorsqu'une science commence à naître, l'extrême considération qu'on a dans la société pour les inventeurs, le désir de conna.tre par soi-même une chose qui fait beaucoup de bruit, l'espérance de s'illustrer par quelque découverte, l'ambition de partager un titre avec des hommes illustres, tournent tous les esprits de ce côté. En un moment elle est cultivée par une infinité de personnes de caractères différents : ce sont ou des gens du monde à qui leur oisiveté pèse, ou des transfuges qui s'imaginent acquérir dans la science à la mode une réputation qu'ils ont inutilement cherchée dans d'autres sciences qu'ils abandonnent pour elle; les uns s'en font un métier, d'autres y sont entraînés par goût. Tant d'efforts réunis portent assez rapidement la science jusqu'où elle peut aller; mais, à mesure que ses limites s'étendent, celles de la considération se resserrent. On n'en a plus que pour ceux qui se distinguent par une grande supériorité; alors la foule diminue. On cesse de s'embarquer pour une contrée où les fortunes sont devenues rares et difficiles. Il ne reste à la science que des mercenaires, à qui elle donne du pain, et que quelques hommes de génie qu'elle continue d'illustrer longtemps encore après que le prestige est dissipé et que les yeux se sont ouverts sur l'inutilité de leurs travaux; on regarde touours ces travaux comme des tours de force qui font honneur à l'humanité. Voilà l'abrégé istorique de la géométrie et celui de toutes les sciences qui cesseront d'instruire ou de plaire; je n'en excepte pas même l'histoire de la nature.

Quand on vient a comparer la multitude infinie des phénomènes de la nature avec les bornes de notre entendement et la faiblesse de nos organes, peut-on jamais attendre autre chose de la lenteur de nos travaux, de leurs longues et fréquentes interruptions, et de la rareté des génies créateurs, que quelques pièces rompues et séparées de la grande chaîne qui lie toutes choses?... Là philosophie expérimentale travaillerait pendant les siècles des siècles que les matériaux qu'elle entasserait, devenus à la fin, par leur nombre, au-dessus de toute combinaison, seraient encore bien loin d'une énumération exacte. Combien ne faudrait-il pas de volumes pour renfermer les termes seuls par lesquels nous désignerions les collections distinctes de phénomènes, si les phénomènes étaient connus? Quand la langue philosophique sera-t-elle complète? Quand elle serait complète, qui d'entre les hommes pourrait la savoir? Si l'Éternel, pour manifester sa toute-puissance plus évidemment encore que par les merveilles de la nature, eût daigné développer le mécanisme universel sur des feuilles tracées de sa propre main, croit-on que ce grand livre fût plus compréhensible pour nous que l'univers même? Combien de pages en aurait entendu ce philosophe qui, avec toute la force de tête qui lui avait été donnée, n'était pas sûr d'avoir seulement embrassé les conséquences par lesquelles un ancien géomètre a déterminé le rapport de la sphère au cylindre? Nous aurions dans ces feuilles une mesure

assez bonne de la portée des esprits et une
satire beaucoup meilleure de notre vanité.
Nous pourrions dire :

— Fermat alla jusqu'à telle page; Archi-
mède était allé quelques pages plus loin.

Quel est donc notre but? L'exécution d'un
ouvrage qui ne peut jamais être fait, et qui
serait fort au-dessus de l'intelligence humaine s'il était achevé? Ne sommes-nous pas
plus insensés que les premiers habitants de
la plaine de Sennaar? Nous connaissons la
distance infinie qu'il y a de la terre aux cieux,
et nous ne laissons pas que d'élever la tour.
Mais est-il à présumer qu'il ne viendra point
un temps où notre orgueil découragé abandonne l'ouvrage? Quelle apparence que, logé
étroitement et mal à son aise ici-bas, il s'opiniâtre à construire un palais inhabitable au
delà de l'atmosphère? Quand il s'y opiniâtre-
rait, ne serait-il pas arrêté par la confusion
des langues, qui n'est déjà que trop sensible
et trop incommode dans l'histoire naturelle?
D'ailleurs, l'utile circonscrit tout. Ce sera
l'utile qui, dans quelques siècles, donnera des
bornes à la physique expérimentale, comme
il est sur le point d'en donner à la géométrie. J'accorde des siècles à cette étude, parce
que la sphère de son utilité est infiniment
plus étendue que celle d'aucune science abs-
traite, et qu'elle est sans contredit la base de
nos véritables connaissances.

VII

Tant que les choses ne sont que dans notre
entendement, ce sont nos opinions; ce sont
des notions qui peuvent être vraies ou fausses, accordées ou contredites. Elles ne pren-
nent de la consistance qu'en se liant aux
êtres extérieurs. Cette liaison se fait, ou par

une chaîne interrompue d'expériences, où par
une chaîne ininterrompue de raisonnements,
qui tient d'un bout à l'observation et de l'autre à l'expérience; ou par une chaîne d'expériences dispersées d'espace en espace entre
des raisonnements, comme des poids sur la
longueur d'un fil suspendu par ses deux extrémités. Sans ces poids, le fil deviendrait le
jouet de la moindre agitation qui se ferait
dans l'air.

VIII

On peut comparer les notions qui n'ont aucun fondement dans la nature à ces forêts
du Nord dont les arbres n'ont point de raci-
nes. Il ne faut qu'un coup de vent, qu'un fait
léger pour renverser toute une forêt d'arbres
et d'idées.

IX

Les hommes en sont à sentir combien les
lois de l'investigation de la vérité sont sévè-
res, et combien le nombre de nos moyens est
borné. Tout se réduit à revenir des sens à la
réflexion et de la réflexion aux sens; rentrer
en soi et en sortir sans cesse. C'est le travail
de l'abeille. On a battu bien du terrain en
vain si on ne rentre pas dans la ruche chargé
de cire. On a fait bien des amas de cire inutile si on ne sait pas en former des rayons.

X

Mais, par malheur, il est plus facile et plus
court de se consulter soi que la nature. Aussi
la raison est-elle portée à demeurer en elle-
même et l'instinct à se répandre au dehors.
L'instinct va sans cesse regardant, goûtant,

touchant, écoutant, et il y aurait peut-être
plus de physique expérimentale à apprendre
en étudiant les animaux qu'en suivant les
cours d'un professeur. Il n'y a point de char-
latanerie dans leurs procédés. Ils tendent à
leur but sans se soucier de ce qui les environne; s'ils nous surprennent, ce n'est point
leur intention. L'étonnement est le premier
effet d'un grand phénomène; c'est à la philosophie à le dissiper. Ce dont il s'agit dans un
cours de philosophie expérimentale, c'est de
renvoyer son auditeur plus instruit et non
plus stupéfait. S'enorgueillir des phénomènes
de la nature comme si l'on en était soi-même
l'auteur, c'est imiter la sottise d'un éditeur
des *Essais*, qui ne pouvait entendre le nom de
Montaigne sans rougir. Une grande leçon,
qu'on a souvent occasion de donner, c'est
l'aveu de son insuffisance. Ne vaut-il pas
mieux se concilier la confiance des autres par
la sincérité d'un *je n'en sais rien* que de bal-
butier des mots et de se faire pitié à soi-
même en s'efforçant de tout expliquer. Celui
qui confesse librement qu'il ne sait pas ce
qu'il ignore me dispose à croire ce dont il en-
treprend de me rendre raison.

XI

L'étonnement vient souvent de ce qu'on
suppose plusieurs prodiges où il n'y en a
qu'un; de ce qu'on imagine dans la nature
autant d'actes particuliers qu'on nombre de
phénomènes, tandis qu'elle n'a peut-être jamais produit qu'un seul acte. Il semble même
que, si elle avait été dans la nécessité d'en
produire plusieurs, les différents résultats de
ces actes seraient isolés; qu'il y aurait des
collections de phénomènes indépendantes les
unes des autres, et que cette chaîne générale,

dont la philosophie suppose la continuité, se
romprait en plusieurs endroits. L'indépen-
dance absolue d'un seul fait est incompatible
avec l'idée de tout, et sans l'idée de tout plus
de philosophie.

XII

Il semble que la nature se soit plu à varier
le même mécanisme d'une infinité de manières différentes (1). Elle n'abandonne un genre
de productions qu'après en avoir multiplié les
individus sous toutes les faces possibles.
Quand on considère le règne animal, et qu'on
s'aperçoit que, parmi les quadrupèdes, il n'y
en a pas un qui n'ait les fonctions et les parties, surtout intérieures, entièrement semblables à un autre quadrupède, ne croirait-
on pas volontiers qu'il n'y a jamais eu qu'un
premier animal prototype de tous les animaux dont la nature n'a fait qu'allonger, raccourcir, transformer, multiplier, oblitérer
certains organes? Imaginez les doigts de la
main réunis, et la matière des ongles si abondante que, venant à s'étendre et à se gonfler,
elle enveloppe et couvre le tout, au lieu de la
main d'un homme vous aurez le pied d'un
cheval (2). Quand on voit les métamorphoses
successives de l'enveloppe du prototype, quel
qu'il ait été, approcher un règne d'un autre
règne par des degrés insensibles, et peupler
les confins des deux règnes (s'il est permis de
se servir du terme de *confins* où il n'y a au-

(1) Voyez l'*Histoire naturelle*, tome IV, l'*Histoire de
l'Ane*, et un petit ouvrage latin, intitulé : *Dissertatio
inauguralis metaphysica, de universali naturæ systemate,
pro gradu doctoris habita*, imprimé à Erlang en 1751, et
apporté en France par M. de M*** en 1753.
(2) Voyez l'*Histoire naturelle générale et particulière*,
tome IV. *Description du cheval*, par M. d'Aubenton.

cune division réelle), et peupler, dis-je, les confins des deux règnes, d'êtres incertains, ambigus, dépouillés en grande partie des formes, des qualités et des fonctions de l'un, et revêtus des formes, des qualités, des fonctions de l'autre, qui ne se sentirait porté à croire qu'il n'y a jamais eu qu'un premier être prototype de tous les êtres? Mais que cette conjecture philosophique soit admise avec le docteur Baumann comme vraie, ou rejetée avec M. de Buffon comme fausse, on ne niera pas qu'il ne faille l'embrasser comme une hypothèse essentielle au progrès de la physique expérimentale, à celui de la philosophie rationnelle, à la découverte et à l'explication des phénomènes qui dépendent de l'organisation. Car il est évident que la nature n'a pu conserver tant de ressemblance dans les parties et affecter tant de variété dans les formes sans avoir souvent rendu sensible dans un être organisé ce qu'elle a dérobé dans un autre. C'est une femme qui aime à se travestir, et dont les différents déguisements, laissant échapper tantôt une partie, tantôt une autre, donnent quelque espérance à ceux qui la suivent avec assiduité de connaître un jour toute sa personne.

XIII

On a découvert qu'il y a dans un sexe le même fluide séminal que dans l'autre sexe. Les parties qui contiennent ce fluide ne sont plus inconnues. On s'est aperçu des altérations singulières qui surviennent dans certains organes de la femelle quand la nature la presse fortement de rechercher le mâle (1).

(1) Voyez, dans l'*Histoire naturelle générale et particulière*, le Discours sur la génération.

Dans l'approche des sexes, quand on vient à comparer les symptômes du plaisir de l'un aux symptômes du plaisir de l'autre, et qu'on s'est assuré que la volupté se consomme dans tous les deux par des élancements également caractérisés, distincts et battus, on ne peut douter qu'il n'y ait aussi des émissions semblables de fluide séminal. Mais où et comment cette émission dans la femme? Que devient le fluide? Quelle route suit-il? C'est ce qu'on ne saura que quand la nature, qui n'est pas également mystérieuse en tout et partout, se sera dévoilée dans une autre espèce, ce qui arrivera apparemment de l'une de ces deux manières : ou les formes seront plus évidentes dans les organes, ou l'émission du fluide se rendra sensible, à son origine et sur toute sa route, par son abondance extraordinaire. Ce qu'on a vu distinctement dans un être ne tarde pas à se manifester dans un être semblable. En physique expérimentale, on apprend à apercevoir les petits phénomènes dans les grands, de même que, en physique rationnelle, on apprend à connaître les grands corps dans les petits.

XIV

Je me représente la vaste enceinte des sciences comme un grand terrain parsemé de places obscures et de places éclairées. Nos travaux doivent avoir pour but, ou d'étendre les limites des places éclairées ou de multiplier sur le terrain les centres de lumières. L'un appartient au génie qui crée, l'autre à la sagacité qui perfectionne.

XV

Nous avons trois moyens principaux : l'observation de la nature, la réflexion et l'expérience. L'observation recueille les faits, la réflexion les combine, l'expérience vérifie le résultat de la combinaison. Il faut que l'observation de la nature soit assidue, que la réflexion soit profonde et que l'expérience soit exacte. On voit rarement ces moyens réunis. Aussi les génies créateurs ne sont-ils pas communs.

XVI

Le philosophe, qui n'aperçoit souvent la vérité que comme le politique maladroit aperçoit l'occasion, par le côté chauve, assure qu'il est impossible de la saisir, dans le moment où la main du manœuvre est portée par hasard sur le côté qui a des cheveux. Il faut cependant avouer que, parmi ces manouvriers d'expériences, il y en a de bien malheureux : l'un d'eux emploiera toute sa vie à observer des insectes et ne verra rien de nouveau ; un autre jettera sur eux un coup d'œil en passant et apercevra le polype ou le puceron hermaphrodite.

XVII

Sont-ce les hommes de génie qui ont manqué à l'univers ? Nullement. Est-ce en eux défaut de méditations et d'étude ? Encore moins. L'histoire des sciences fourmille de noms illustres ; la surface de la terre est couverte des monuments de nos travaux. Pourquoi donc possédons-nous si peu de connaissances certaines ? Par quelle fatalité les

sciences ont-elles fait si peu de progrès ?
Sommes-nous destinés à n'être jamais que
des enfants ? J'ai déjà annoncé la réponse à
ces questions. Les sciences abstraites ont oc-
cupé trop longtemps et avec trop peu de fruit
les meilleurs esprits, ou l'on n'a point étudié
ce qu'il importait de savoir, ou l'on n'a mis
ni choix, ni vues, ni méthode dans ses étu-
des; les mots se sont multipliés sans fin, et
la connaissance des choses est restée en ar-
rière.

XVIII

La véritable manière de philosopher, c'eût
été et ce serait d'appliquer l'entendement à
l'entendement et l'expérience aux sens, les
sens à la nature, la nature à l'investigation
des instruments, les instruments à la recherche et à la perfection des arts, qu'on jetterait au peuple pour lui apprendre à respecter
la philosophie.

XIX

Il n'y a qu'un seul moyen de rendre la philosophie vraiment recommandable aux yeux
du vulgaire, c'est de la lui montrer accompagnée de l'utilité. Le vulgaire demande toujours : « A quoi cela sert-il ? » et il ne faut
pas lui répondre : « A rien. » Il ne sait pas
que ce qui éclaire le philosophe et ce qui
sert au vulgaire sont deux choses fort différentes, puisque l'entendement du philosophe
est souvent éclairé par ce qui nuit et obs-
curci par ce qui sert.

XX

Les faits, de quelque nature qu'ils soient, sont la véritable richesse du philosophe. Mais un des préjugés de la philosophie rationnelle, c'est que celui qui ne saura pas nombrer ses écus ne sera guère plus riche que celui qui n'aura qu'un écu. La philosophie rationnelle s'occupe malheureusement beaucoup plus à rapprocher et à lier les faits qu'on possède qu'à en recueillir de nouveaux.

XXI

Recueillir et lier les faits, ce sont deux occupations bien pénibles, aussi les philosophes les ont-ils partagées entre eux. Les uns passent leur vie à rassembler des matériaux, manœuvres utiles et laborieux; les autres, orgueilleux architectes, s'empressent à les mettre en œuvre. Mais le temps a renversé jusque aujourd'hui presque tous les édifices de la philosophie rationnelle. Le manœuvre poudreux apporte tôt ou tard, des souterrains où il creuse en aveugle, le morceau fatal à cette architecture élevée à force de tête; elle s'écroule, et il ne reste que des matériaux confondus pêle-mêle, jusqu'à ce qu'un autre génie téméraire en entreprenne une combinaison nouvelle. Heureux le philosophe systématique à qui la nature aura donné, comme autrefois à Épicure, à Lucrèce, à Aristote, à Platon, une imagination forte, une grande éloquence, l'art de présenter ses idées sous des images frappantes et sublimes! l'édifice qu'il a construit pourra tomber un jour, mais sa statue restera debout au milieu des ruines, et la pierre qui se détachera de la mon-

tagne ne le brisera point, parce que les pieds
n'en sont pas d'argile.

XXII

L'entendement a ses préjugés; le sens, son
incertitude; la mémoire, ses limites; l'ima
gination ses lueurs; les instruments, leur
imperfection. Les phénomènes sont infinis,
les causes cachées, les formes peut-être tran-
sitoires. Nous n'avons contre tant d'obstacles
que nous trouvons en nous, et que la nature
nous oppose au dehors, qu'une expérience
lente, qu'une réflexion bornée. Voilà les le-
viers avec lesquels la philosophie s'est proposé de remuer le monde.

XXIII

Nous avons distingué deux sortes de philosophie, l'expérimentale et la rationnelle.
L'une a les yeux bandés, marche toujours en
tâtonnant, saisit tout ce qui lui tombe sous
les mains, et rencontre à la fin des choses
précieuses et tâche de s'en former un flambeau; mais ce flambeau prétendu lui a jusqu'à présent moins servi que le tâtonnement
à sa rivale, et cela devait être. L'expérience
multiplie ses mouvements à l'infini; elle est
sans cesse en action; elle met à chercher des
phénomènes tout le temps que la raison emploie à chercher des analogies. La philosophie expérimentale ne sait ni ce qui lui viendra ni ce qui ne lui viendra pas de son travail,
mais elle travaille sans relâche. Au contraire,
la philosophie rationnelle pèse les possibilités,
prononce et s'arrête tout court. Elle dit hardi-
ment :
— On ne peut décomposer la lumière.
La philosophie expérimentale l'écoute et se

tait devant elle pendant des siècles entiers ;
puis, tout à coup elle montre le prisme et dit :
— La lumière se décompose.

XXIV

Esquisse de la physique expérimentale.

La physique expérimentale s'occupe en général de l'*existence*, des *qualités* et de l'*emploi*.

L'EXISTENCE embrasse l'*histoire*, la *description*, la *génération*, la *conservation* et la *destruction*.

L'*histoire* est des lieux, de l'importation, de
l'exportation, du prix, des préjugés, etc.

La *description*, de l'intérieur et de l'extérieur,
par toutes les qualités sensibles.

La *génération*, prise depuis la première origine jusqu'à l'état de perfection.

La *conservation*, de tous les moyens de fixer
dans cet état.

La *destruction*, prise depuis l'état de perfection jusqu'au dernier degré connu de *décomposition* ou de *dépérissement*, de *dissolution* ou
de *résolution*.

Les QUALITÉS sont générales ou particulières.

J'appelle *générales* celles qui sont communes à tous les êtres et qui n'y varient que
par la quantité.

J'appelle *particulières* celles qui constituent
l'être tel ; ces dernières sont ou de la substance *en masse* ou de la substance *divisée* ou
décomposée.

L'EMPLOI s'étend à la *comparaison*, à l'*application* et à la *combinaison*.

La *comparaison* se fait ou par les ressemblances ou par les différences.

L'*application* doit être la plus étendue et la
plus variée qu'il est possible.

La *combinaison* est analogue ou bizarre.

XXV

Je dis *analogue* ou *bizarre*, parce que tout a
son résultat dans la nature, l'expérience la
plus extravagante ainsi que la plus raison-
née. La philosophie expérimentale, qui ne se
propose rien, est toujours contente de ce qui
lui vient; la philosophie rationnelle est toujours instruite, lors même que ce qu'elle s'est
proposé ne lui vient pas.

XXVI

La philosophie expérimentale est une étude
innocente qui ne demande presque aucune
préparation de l'âme. On n'en peut pas dire
autant des autres parties de la philosophie.
La plupart augmentent en nous la fureur des
conjectures. La philosophie expérimentale la
réprime à la longue. On s'ennuie tôt ou tard
de deviner maladroitement.

XXVII

Le goût de l'observation peut être inspiré
à tous les hommes; il semble que celui de
l'expérience ne doive être inspiré qu'aux hom
mes riches.
L'observation ne demande qu'un usage ha-
bituel des sens; l'expérience exige des dépenses continuelles. Il serait à souhaiter que
les grands ajoutassent ce moyen de se ruiner
à tant d'autres moins honorables qu'ils ont
imaginés. Tout bien considéré, il vaudrait
mieux qu'ils fussent appauvris par un chi-
miste que dépouillés par des gens d'affaires;
entêtés de la physique expérimentale, qui les
amuserait quelquefois, qu'agités par l'ombre
du plaisir, qu'ils poursuivent sans cesse, et

qui leur échappe toujours. Je dirais volontiers aux philosophes dont la fortune est bornée, et qui se sentent portés à la physique expérimentale, ce que je conseillerais à mon ami, s'il était tenté de la jouissance d'une belle courtisane :

— *Laidem habeto, dummodo te Lais non habeat.*

C'est un conseil que je donnerais encore à ceux qui ont l'esprit assez étendu pour imaginer des systèmes et qui sont assez opulents pour les vérifier par l'expérience :

— Ayez un système, j'y consens; mais ne vous en laissez pas dominer : *Laidem habeto.*

XXVIII

La physique expérimentale peut être comparée dans ses bons effets au conseil de ce père qui dit à ses enfants, en mourant, qu'il y avait un trésor caché dans son champ, mais qu'il ne savait point dans quel endroit. Ses enfants se mirent à bêcher le champ, ils ne trouvèrent pas le trésor qu'ils cherchaient, mais ils firent dans la saison une récolte abondante, à laquelle ils ne s'attendaient pas.

XXIX

L'année suivante, un des enfants dit à ses frères :

— J'ai soigneusement examiné le terrain que notre père nous a laissé, et je pense avoir découvert l'endroit du trésor. Ecoutez, voici comment j'ai raisonné : Si le trésor est caché dans le champ, il doit y avoir dans son enceinte quelques signes qui marquent l'endroit; or, j'ai aperçu des traces singulières vers l'angle qui regarde l'orient; le sol y paraît avoir été remué. Nous nous sommes assurés, par notre travail de l'année passée, que le trésor n'est point à la surface de la terre; il faut donc qu'il soit caché dans ses entrailles? Prenons incessamment la bêche, et creusons jusqu'à ce que nous soyons parvenus au souterrain de l'avarice.

Tous les frères entraînés, moins par la force de la raison que par le désir de la richesse, se mirent à l'ouvrage. Ils avaient déjà creusé profondément sans rien trouver; l'espérance commençait à les abandonner et le murmure à se faire entendre, lorsqu'un d'entre eux s'imagina reconnaître la présence d'une mine à quelques particules brillantes; c'en était en effet une de plomb, qu'on avait anciennement exploitée, qu'ils travaillèrent et qui leur produisit beaucoup. Telle est quelquefois la suite des expériences suggérées par les observations et les idées systématiques de la philosophie rationnelle. C'est ainsi que les chimistes et les géomètres, en s'opiniâtrant à la solution de problèmes peut-être impossibles, sont parvenus à des découvertes plus importantes que cette solution.

XXX

La grande habitude de faire des expériences donne aux manouvriers d'opérations les plus grossiers un pressentiment qui a le caractère de l'inspiration. Il ne tiendrait qu'à eux de s'y tromper, comme Socrate, et de l'appeler un démon familier. Socrate avait une si prodigieuse habitude de considérer les hommes et de peser les circonstances, que, dans les occasions les plus délicates, il s'exécutait secrètement en lui une combinaison prompte et juste, suivie d'un pronostic dont l'événement ne s'écartait guère. Il jugeait des hommes comme les gens de goût jugent des ouvrages d'esprit, par sentiment. Il en est de même, en physique expérimentale, de l'instinct de nos grands manouvriers : ils ont vu si souvent et de si près la nature dans ses opérations, qu'ils devinent avec assez de précision le cours qu'elle pourra suivre dans les cas où il leur prend envie de la provoquer par les essais ses plus bizarres. Ainsi le service le plus important qu'ils aient à rendre à ceux qu'ils initient à la philosophie expérimentale, c'est bien moins de les instruire du procédé et du résultat que de faire passer en eux cet esprit de divination par lequel on *subodore*, pour ainsi dire, des procédés inconnus, des expériences nouvelles, des résultats ignorés.

XXXI

Comment cet esprit se communique-t-il? Il faudrait que celui qui en est possédé descendît en lui-même pour reconnaître distinctement ce que c'est, substituer au démon familier des notions intelligibles et claires, et les développer aux autres. S'il trouvait, par exemple, que c'est *une facilité de supposer ou d'apercevoir des oppositions ou des analogies, qui a sa source dans une connaissance pratique des qualités physiques des êtres considérés solitairement, ou de leurs effets réciproques, quand on les considère en combinaison,* il étendrait cette idée, il l'appuierait d'une infinité de faits qui se présenteraient à sa mémoire; ce serait une histoire fidèle de toutes les extravagances apparentes qui lui ont passé par la tête. Je dis *extravagances,* car quel autre nom donner à cet enchaînement de conjectures fondées sur des oppositions ou des ressemblances si éloignées, si imperceptibles, que les rêves d'un malade ne paraissent ni plus bizarres ni plus décousus. Il n'y a quelquefois pas une proposition qui ne puisse être contredite, soit en elle-même, soit dans sa liaison avec celle qui la précède ou qui la suit. C'est un tout si précaire, et dans les suppositions et dans les conséquences, qu'on a souvent dédaigné de faire ou les observations ou les expériences qu'on en concluait.

EXEMPLES.

XXXII

1. *Premières conjectures.* — Il est un corps que l'on appelle *mole*; ce corps singulier s'engendre dans la femme; et, selon quelques-uns, sans le concours de l'homme. De quelque manière que le mystère de la génération s'accomplisse, il est certain que les deux sexes y coopèrent. La mole ne serait-elle point un assemblage, ou de tous les éléments qui émanent de la femme dans la production de l'homme, ou de tous les éléments qui émanent de l'homme dans ses différentes approches de la femme? Ces éléments, qui sont tranquilles dans l'homme, répandus et retenus dans certaines femmes d'un tempérament ardent, d'une imagination forte, ne pourraient-ils pas s'y échauffer, s'y exalter et y prendre de l'activité? Ces éléments, qui sont tranquilles dans la femme, ne pourraient-ils pas y être mis en action, soit par une présence sèche et stérile et des mouvements inféconds et purement voluptueux de l'homme, soit par la violence et la contrainte des désirs provoqués de la femme; sortir de leurs réservoirs, se porter dans la matrice, s'y arrêter et s'y combiner d'eux-mêmes? La mole ne serait-elle point le résultat de cette combinaison solitaire, ou des éléments émanés de la femme ou des éléments fournis par

l'homme? Mais si la mole est le résultat d'une combinaison telle que je la suppose, cette combinaison aura ses lois aussi invariables que celles de la génération. La mole aura donc une organisation constante? Prenons le scalpel, ouvrons des moles, et voyons, peut-être même découvrirons-nous des moles distinguées par quelques vestiges relatifs à la différence des sexes. Voilà ce qu'on peut appeler l'art de procéder de ce qu'on ne connaît point à ce qu'on connaît moins encore. C'est cette habitude de déraison que possèdent dans un degré surprenant ceux qui ont acquis ou qui tiennent de la nature le génie de la physique expérimentale; c'est à ces sortes de rêves qu'on doit plusieurs découvertes; voilà l'espèce de divination qu'il faut apprendre aux élèves, si toutefois cela s'apprend.

2. Mais si l'on vient à découvrir, avec le temps, que la mole ne s'engendre jamais dans la femme sans la coopération de l'homme, voici quelques conjectures nouvelles, beaucoup plus vraisemblables que les précédentes, qu'on pourra former sur ce corps extraordinaire. Ce tissu de vaisseaux sanguins, qu'on appelle le placenta, est, comme on sait, une calotte sphérique, une espèce de champignon qui adhère par sa partie convexe à la matrice pendant tout le temps de la grossesse, auquel le cordon ombilical sert comme de tige, qui se détache de la matrice dans les douleurs de l'enfantement, et dont la surface est égale quand une femme est saine et que son accouchement est heureux. Les êtres n'étant jamais, ni dans leur génération, ni dans leur conformation, ni dans leur usage, que ce que les résistances, les lois du mouvement et l'ordre universel les déterminent à être, s'il arrivait que cette calotte sphérique,

qui ne paraît tenir à la matrice que par application et contact, s'en détachât peu à peu par ses bords dès le commencement de la grossesse, en sorte que les progrès de la séparation suivissent exactement ceux de l'accroissement du volume, j'ai pensé que ses bords, libres de toute attache, iraient toujours en s'approchant et en affectant la forme sphérique; que le cordon ombilical, tiré par deux forces contraires, l'une des bords séparés et convexes de la calotte qui tendrait à le raccourcir, et l'autre du poids du fœtus qui tendrait à l'allonger, serait beaucoup plus court que dans les cas ordinaires; qu'il viendrait un moment où ces bords coïncideraient, s'uniraient entièrement et formeraient une espèce d'œuf, au centre duquel on trouverait un fœtus bizarre dans son organisation, comme il l'a été dans sa production, oblitéré, contraint, étouffé, et que cet œuf se nourrirait jusqu'à ce que sa pesanteur achevât de détacher la petite partie de la surface qui resterait adhérente, qu'il tombât isolé dans la matrice, et qu'il en fût expulsé par une sorte de ponte, comme l'œuf de la poule, avec lequel il a quelque analogie, du moins par sa forme. Si ces conjectures se vérifiaient dans une mole, et qu'il fût cependant démontré que cette mole s'est engendrée dans la femme sans aucune approche de l'homme, il s'ensuivrait évidemment que le fœtus est tout formé dans la femme, et que l'action de l'homme ne concourt qu'au développement.

XXXIII

Secondes conjectures. — Supposé que la terre ait un noyau solide de verre, ainsi qu'un de nos plus grands philosophes le prétend, et que ce noyau soit revêtu de poussière, on peut assurer que, en conséquence des lois de la force centrifuge, qui tend à approcher les corps libres de l'équateur, et à donner à la terre la forme d'un sphéroïde aplati, les couches de cette poussière doivent être moins épaisses aux pôles que sous aucun autre parallèle; que peut-être le noyau est à nu aux deux extrémités de l'axe, et que c'est à cette particularité qu'il faut attribuer la direction de l'aiguille aimantée et les aurores boréales, qui ne sont probablement que des courants de matière électrique.

Il y a grande apparence que le magnétisme et l'électricité dépendent des mêmes causes: pourquoi ne seraient-ce pas des effets du mouvement de rotation du globe et de l'énergie des matières dont il est composé, combinée avec l'action de la lune? Le flux et le reflux, les courants, les vents, la lumière, le mouvement des particules libres du globe, peut-être même celui de toute sa croûte entière sur son noyau, etc., opèrent d'une infinité de manières un frottement continuel; l'effet des causes qui agissent sensiblement et sans cesse forme, à la suite des siècles, un produit considérable; le noyau du globe est une masse de verre, sa surface n'est couverte que de détriments de verre, de sables et de matières vitrifiables; le verre est de toutes les substances celle qui donne le plus d'électricité par le frottement; pourquoi la masse totale de l'électricité terrestre ne serait-elle pas le résultat de tous les frottements opérés, soit à la surface de la terre, soit à celle de son noyau? Mais de cette cause générale, il est à présumer qu'on déduira, par quelques tentatives, une cause particulière qui constituera entre deux grands phénomènes, je veux dire la position de l'aurore boréale et la direction de l'aiguille aimantée, une liaison semblable à celle dont on a constaté l'existence entre le magnétisme et l'électricité, en aimantant des aiguilles sans aimant, et par le moyen seul de l'électricité. On peut avouer ou contredire ces notions, parce qu'elles n'ont encore de réalité que dans mon entendement. C'est aux expériences à leur donner plus de solidité, et c'est au physicien à en imaginer qui séparent les phénomènes ou qui achèvent de les identifier.

XXXIV

Troisièmes conjectures. — La matière électrique répand dans les lieux où l'on électrise une odeur sulfureuse sensible; sur cette qualité, les chimistes n'étaient-ils pas autorisés à s'en emparer? Pourquoi n'ont-ils pas essayé, par tous les moyens qu'ils ont en main, des fluides chargés de la plus grande quantité possible de matière électrique? On ne sait seulement pas encore si l'eau électrisée dissout plus ou moins promptement le sucre que l'eau simple. Le feu de nos fourneaux augmente considérablement le poids de certaines matières, telles que le plomb calciné; si le feu de l'électricité, constamment appliqué sur ce métal en calcination, augmentait encore cet effet, n'en résulterait-il pas une nouvelle analogie entre le feu électrique et le feu commun? On a essayé si ce feu extraordinaire ne porterait point quelque vertu dans les remèdes, et ne rendrait point une substance plus efficace, un topique plus actif; mais n'a-t-on pas abandonné trop tôt ces essais? Pourquoi l'électricité ne modifierait-elle pas la formation des cristaux et leurs propriétés? Combien de conjectures à former d'imagination et à confirmer ou détruire par l'expérience? Voyez l'article suivant.

XXXV

Quatrièmes conjectures. — La plupart des météores, les feux follets, les exhalaisons, les étoiles tombantes, les phosphores naturels et artificiels, les bois pourris et lumineux, ont-ils d'autres causes que l'électricité? Pourquoi ne fait-on pas sur ces phosphores les expériences nécessaires pour s'en assurer? Pourquoi ne pense-t-on pas à reconnaître si l'air, comme le verre, n'est pas un corps électrique par lui-même, c'est-à-dire un corps qui n'a besoin que d'être frotté et battu pour s'électriser? Qui sait si l'air chargé de matière sulfureuse ne se trouverait pas plus ou moins électrique que l'air pur? Si l'on fait tourner avec une grande rapidité, dans l'air, une verge de métal qui lui oppose beaucoup de surface, on découvrira si l'air est électrique et ce que la verge en aura reçu d'électricité. Si pendant l'expérience on brûle du soufre et d'autres matières, on reconnaîtra celles qui augmenteront et celles qui diminueront la qualité électrique de l'air. Peut-être l'air froid des pôles est-il plus susceptible d'électricité que l'air chaud de l'équateur; et comme la glace est électrique et que l'eau ne l'est point, qui sait si ce n'est pas à l'énorme quantité de ces glaces éternelles, amassées vers les pôles, et peut-être mues sur le noyau de verre, plus découvert aux pôles qu'ailleurs, qu'il faut attribuer les phénomènes de la direction de l'aiguille et de l'apparition des aurores boréales, qui semblent dépendre également de l'électricité, comme nous l'avons insinué dans nos conjectures secondes? L'observation a rencontré un des ressorts les plus généraux et les plus puissants de la nature; c'est à l'expérience à en découvrir les effets.

XXXVI

Cinquièmes conjectures.—1. Si une corde d'instrument est tendue, et qu'un obstacle léger la divise en deux parties inégales, de manière qu'il n'empêche point la communication des vibrations de l'une des parties à l'autre, on sait que cet obstacle détermine la plus grande à se diviser en portions vibrantes, telles que les deux parties de la corde rendent un unisson, et que les portions vibrantes de la plus grande sont comprises chacune entre deux points immobiles. La résonnance du corps n'étant point la cause de la division de la plus grande, mais l'unisson des deux parties étant seulement un effet de cette division, j'ai pensé que si on substituait à la corde d'instrument une verge de métal, et qu'on la frappât violemment, il se formerait sur sa longueur des ventres et des nœuds; qu'il en serait de même de tout corps élastique, sonore ou non; que ce problème qu'on croit particulier aux cordes vibrantes, a lieu d'une manière plus ou moins forte dans toute percussion; qu'il tient aux lois générales de la communication du mouvement; qu'il y a dans les corps choqués des parties oscillantes infiniment petites et des nœuds ou points immobiles infiniment proches; que ces parties oscillantes et ces nœuds sont les causes du frémissement que nous éprouvons par la sensation du toucher dans les corps, après le choc, tantôt sans qu'il y ait de translation locale, tantôt après que la translation a cessé; que cette supposition est conforme à la nature du frémissement, qui n'est pas de toute la surface touchée à toute la surface de la partie sensible qui touche, mais d'une infinité de points répandus sur la surface du corps touché, vibrant confusément entre une infinité de points immobiles; qu'apparemment, dans les corps continus élastiques, la force d'inertie, distribuée uniformément dans la masse, fait en un point quelconque la fonction d'un petit obstacle relativement à un autre point; qu'en supposant la partie frappée d'une corde vibrante infiniment petite, et conséquemment les ventres infiniment petits et les nœuds infiniment près, on a, selon une direction, et pour ainsi dire sur une seule ligne, une image de ce qui s'exécute en tout sens dans un solide choqué par un autre; que, puisque la longueur de la partie interceptée de la corde vibrante étant donnée, il n'y a aucune cause qui puisse multiplier sur l'autre partie le nombre des points immobiles; que, puisque ce nombre est le même, quelle que soit la force du coup, et que puisqu'il n'y a que la vitesse des oscillations qui varie, dans le choc des corps le frémissement sera plus ou moins violent; mais que le rapport en nombre des points vibrants aux points immobiles sera le même, et que la quantité de matière en repos dans ces corps sera constante, quelles que soient la force du choc, la densité du corps, la cohésion des parties. Le géomètre n'a donc plus qu'à étendre le calcul de la corde vibrante au prisme, à la sphère, au cylindre, pour trouver la loi générale de la distribution du mouvement dans un corps choqué, loi qu'on était bien éloigné de rechercher jusqu'à présent, puisqu'on ne pensait pas même à l'existence du phénomène, et qu'on supposait, au contraire, la distribution du mouvement uniforme dans toute la masse, quoique, dans le choc, le frémissement indiquât, par la voie de la sensation, la réalité de points vibrants répandus entre des points immobiles; je dis *dans le choc,* car il est vraisemblable que, dans les communications de mouvement où le choc n'a aucun lieu, un corps est lancé comme le serait la molécule la plus petite, et que le mouvement est uniformément de toute la masse à la fois. Aussi le frémissement est-il nul dans tous ces cas, ce qui achève d'en distinguer le cas du choc.

2. Par le principe de la décomposition des forces, on peut toujours réduire à une seule force toutes celles qui agissent sur un corps; si la quantité et la direction de la force qui agit sur le corps sont données, et qu'on cherche à déterminer le mouvement qui en résulte, on trouve que le corps va en avant, comme si la force passait par le centre de gravité, et qu'il tournât de plus autour du centre de gravité, comme si ce centre était fixe, et que la force agît autour de ce centre comme autour d'un point d'appui. Donc, si deux molécules s'attirent réciproquement, elles se disposeront, l'une par rapport à l'autre, selon les lois de leurs attractions, leurs figures, etc. Si ce système de deux molécules en attire une troisième dont il soit réciproquement attiré, ces trois molécules se disposeront, les unes par rapport aux autres, selon les lois de leurs attractions, leurs figures, etc., et ainsi de suite des autres systèmes et des autres molécules. Elles formeront toutes un système A, dans lequel, soit qu'elles se touchent ou non, soit qu'elles se meuvent ou soient en repos, elles résisteront à une force qui tendrait à troubler leur coordination, et tendront toujours, soit à se restituer dans leur premier ordre si la force perturbatrice vient à cesser, soit à se coordonner relativement aux lois de leurs attractions, à leurs figures, etc., et à l'action de la force perturbatrice si elle continue d'agir. Ce sys-

tème A est ce que j'appelle un corps élastique. En ce sens général et abstrait, le système planétaire, l'univers n'est qu'un corps élastique; le chaos est une impossibilité, car il est un ordre essentiellement conséquent aux qualités primitives de la matière.

3. Si l'on considère le système A dans le vide, il sera indestructible, imperturbable, éternel; si l'on en suppose les parties dispersées dans l'immensité de l'espace, comme les qualités, telles que l'attraction, se propagent à l'infini lorsque rien ne resserre la sphère de leur action, ces parties, dont les figures n'auront point varié et qui seront animées des mêmes forces, se coordonneront derechef comme elles étaient coordonnées, et reformeront, dans quelque point de l'espace et dans quelque instant de la durée, un corps élastique.

4. Il n'en sera pas ainsi si l'on suppose le système A dans l'univers; les effets n'y sont pas moins nécessaires, mais une action des causes déterminément telle y est quelquefois impossible, et le nombre de celles qui se combinent est toujours si grand dans le système général, ou corps élastique universel, qu'on ne sait ce qu'étaient originairement les systèmes ou corps élastiques particuliers ni ce qu'ils deviendront. Sans prétendre donc que l'attraction constitue dans le plein la dureté et l'élasticité, telles que nous les y remarquons, n'est-il pas évident que cette propriété de la matière suffit seule pour les constituer dans le vide et donner lieu à la raréfaction, à la condensation et à tous les phénomènes qui en dépendent? Pourquoi donc ne serait-elle pas la cause première de ces phénomènes dans notre système général, où une infinité de causes, qui la modifient, feraient varier à l'infini la quantité de

ces phénomènes dans les systèmes ou corps
élastiques particuliers? Ainsi un corps élastique plié ne se rompra que quand la cause
qui en rapproche les parties en un sens les
aura tellement écartées dans le sens contraire, qu'elles n'auront plus d'action sensible
les unes sur les autres par leurs attractions
réciproques; un corps élastique choqué ne
s'éclatera que quand plusieurs de ses molécules vibrantes auront été portées, dans leur
première oscillation, à une distance des molécules immobiles entre lesquelles elles sont
répandues telles qu'elles n'auront plus d'action sensible les unes sur les autres par leurs
attractions réciproques. Si la violence du
choc était assez grande pour que les molécules vibrantes fussent toutes portées au delà
de la sphère de leur attraction sensible, le
corps serait réduit dans ses éléments. Mais
entre cette collision, la plus forte qu'un corps
puisse éprouver, et la collision qui n'occa-
sionnerait que le frémissement le plus faible,
il y en a une, ou réelle ou intelligible, par
laquelle tous les éléments du corps séparés
cesseraient de se toucher sans que leur système fût détruit et sans que leur coordination cessât. Nous abandonnerons au lecteur
l'application des mêmes principes à la condensation, à la raréfaction, etc. Nous ferons
seulement encore observer ici la différence
de la communication du mouvement par le
choc et de la communication du mouvement
sans le choc. La translation d'un corps sans
le choc étant uniformément de toutes ses
parties à la fois, quelle que soit la quantité
de mouvement communiquée par cette voie,
fût-elle infinie, le corps ne sera point détruit;
il restera entier jusqu'à ce qu'un choc, faisant osciller quelques-unes de ses parties
entre d'autres qui demeurent immobiles, le

ventre des premières oscillations ait une telle
amplitude, que les parties oscillantes ne
puissent plus revenir à leur place ni rentrer
dans la coordination systématique.

8. Tout ce qui précède ne concerne proprement que les corps élastiques simples ou les
systèmes de particules de même matière, de
même figure, animées d'une même quantité
et mues selon une même loi d'attraction.
Mais, si toutes ces qualités sont variables, il
en résultera une infinité de corps élastiques
mixtes. J'entends par un corps élastique mixte
un système composé de deux ou plusieurs
systèmes de matières différentes, de différentes figures, animées de différentes quantités, et peut-être même mues selon des lois
différentes d'attraction, dont les particules
sont coordonnées les unes entre les autres par
une loi qui est commune à toutes, et qu'on
peut regarder comme le produit de leurs actions réciproques. Si l'on parvient, par quelques opérations, à simplifier le système composé, en en chassant toutes les particules
d'une espèce de matière coordonnée, ou à le
composer davantage en y introduisant une
matière nouvelle dont les particules se coordonnent entre celles du système et changent
la loi commune à toutes, la dureté, l'élasticité, la compressibilité, la rarescibilité et les
autres affections qui dépendent, dans le système composé, de la différente coordination
des particules, augmenteront ou diminueront, etc. Le plomb, qui n'a presque point
de dureté ni d'élasticité, diminue encore en
dureté et augmente en élasticité si on le met
en fusion, c'est-à-dire si on coordonne entre
le système composé des molécules qui le constituent plomb un autre système composé de
molécules d'air, de feu, etc., qui le constituent plomb fondu.

6. Il serait très-aisé d'appliquer ces idées à une infinité d'autres phénomènes semblables et d'en composer un traité fort étendu. Le point le plus difficile à découvrir, ce serait par quel mécanisme les parties d'un système, quand elles se coordonnent entre les parties d'un autre système, le simplifient quelquefois en en chassant un système d'autres parties coordonnées, comme il arrive dans certaines opérations chimiques. Des attractions selon des lois différentes ne paraissent pas suffire pour ce phénomène, et il est dur d'admettre des qualités répulsives; voici comment on pourrait s'en passer: soit un système A, composé des systèmes B et C, dont les molécules sont coordonnées les unes entre les autres selon quelque loi commune à toutes. Si l'on introduit dans le système composé A un autre système D, il arrivera, de deux choses l'une, ou que les particules du système D se coordonneront entre les parties du système A sans qu'il y ait de choc, et, dans ce cas, le système A sera composé des systèmes B, C, D, ou que la coordination des particules du système D entre les particules du système A sera accompagnée de choc. Si le choc est tel que les particules choquées ne soient point portées, dans leur première oscillation, au delà de la sphère infiniment petite de leur attraction, il y aura, dans le premier moment, trouble ou multitude infinie de petites oscillations. Mais ce trouble cessera bientôt, les particules se coordonneront, et il résultera de leur coordination un système A composé des systèmes B, C, D. Si les parties du système B, ou celles du système C, ou les unes et les autres sont choquées dans le premier instant de la coordination, et portées au delà de la sphère de leur attraction par les parties du système D, elles seront séparées de la coordination

systématique pour n'y plus revenir, et le système A sera un système composé des systèmes B et D, ou des systèmes C et D, ou ce
sera un système simple des seules particules
coordonnées du système D; et ces phénomènes s'exécuteront avec des circonstances qui
ajouteront beaucoup à la vraisemblance de
ces idées ou qui peut-être la *détruiront entièrement*. Au reste, j'y suis arrivé en partant *du
frémissement d'un corps élastique choqué*. La séparation ne sera jamais spontanée où il y aura
coordination, elle pourra l'être où il n'y aura
que *composition*. La *coordination* est encore un
principe d'*uniformité*, même dans un *tout* hétérogène.

XXXVII

Sixièmes conjectures. — Les productions de
l'art seront communes, imparfaites et faibles
tant qu'on ne se proposera pas une imitation
plus rigoureuse de la nature. La nature est
opiniâtre et lente dans ses opérations. S'agit-
il d'éloigner, de rapprocher, d'unir, de diviser, d'amollir, de condenser, de durcir, de
liquéfier, de dissoudre, d'assimiler, elle s'a-
vance à son but par les degrés les plus insensibles. L'art, au contraire, se hâte, se fatigue et se relâche. La nature emploi   des
siècles à préparer grossièrement les métaux;
l'art se propose de les perfectionner en un
jour. La nature emploie des siècles à former
les pierres précieuses; l'art prétend les con-
trefaire en un moment. Quand on posséderait
le véritable moyen, ce ne serait pas assez, il
faudrait encore savoir l'appliquer. On est
dans l'erreur si l'on s'imagine que, le produit
de l'intensité de l'action multipliée par le
temps de l'application étant le même, le résultat sera le même. Il n'y a qu'une applica-

tion graduée, lente et continue qui transforme. Toute autre application n'est que destructive. Que ne tirerions-nous pas du mélange de certaines substances, dont nous n'obtenons que des composés très-imparfaits, si nous procédions d'une manière analogue à celle de la nature? Mais on est toujours pressé de jouir, on veut voir la fin de ce qu'on a commencé. De là tant de tentatives infructueuses, tant de dépenses et de peines perdues, tant de travaux que la nature suggère et que l'art n'entreprendra jamais, parce que le succès en paraît éloigné. Qui est-ce qui est sorti des grottes d'Arcy sans être convaincu, par la vitesse avec laquelle les stalactites s'y forment et s'y réparent, que ces grottes se rempliront un jour et ne formeront plus qu'un solide immense? Où est le naturaliste qui, réfléchissant sur ce phénomène, n'ait pas conjecturé que, en déterminant des eaux à se filtrer peu à peu à travers des terres et des rochers dont les stillations seraient reçues dans des cavernes spacieuses, on ne parvînt, avec le temps, à en former des carrières artificielles d'albâtre, de marbre et d'autres pierres dont les qualités varieraient selon la nature des terres, des eaux et des rochers? Mais à quoi servent ces vues sans le courage, la patience, le travail, les dépenses, le temps, et surtout ce goût antique pour les grandes entreprises dont il subsiste encore tant de monuments qui n'obtiennent de nous qu'une admiration froide et stérile?

XXXVIII

Septièmes conjectures. — On a tenté tant de fois, sans succès, de convertir nos fers en un acier qui égalât celui d'Angleterre et d'Allemagne et qu'on pût employer à la fabrication des ouvrages délicats. J'ignore quels procédés on a suivis; mais il m'a semblé qu'on eût été conduit à cette découverte importante par l'imitation et la perfection d'une manœuvre très-commune dans les ateliers des ouvriers en fer. On l'appelle *trempe en paquet*. Pour tremper en paquet, on prend de la suie la plus dure; on la pile, on la délaye avec de l'urine; on y ajoute de l'ail broyé, de la savate déchiquetée et du sel commun; on a une boîte de fer; on en couvre le fond d'un lit de ce mélange; on place sur ce lit un lit de différentes pièces d'ouvrages en fer; sur ce lit, un lit de mélange, et ainsi de suite, jusqu'à ce que la boîte soit pleine; on la ferme de son couvercle; on l'enduit exactement à l'extérieur d'un mélange de terre grasse bien battue, de bourre et de fiente de cheval; on la place au centre d'un tas de charbon proportionné à son volume; on allume le charbon; on laisse aller le feu, on l'entretient seulement; on a un vaisseau plein d'eau fraîche; trois ou quatre heures après qu'on a mis la boîte au feu, on l'en tire; on l'ouvre; on fait tomber les pièces qu'elle renferme dans l'eau fraîche, qu'on remue à mesure que les pièces tombent. Ces pièces sont trempées en paquet; et si l'on en casse quelques-unes, on en trouvera la surface convertie en un acier très-dur et d'un grain très-fin à une petite profondeur. Cette surface en prend un poli plus éclatant et en garde mieux les formes qu'on lui a données à la lime. N'est-il pas à présumer que, si l'on exposait, *stratum super stratum*, à l'action du feu et des matières employées dans la trempe en paquet du fer bien choisi, bien travaillé, réduit en feuilles minces, telles que celles de la tôle, ou en verges très-menues, et précipité, au sortir du fourneau d'aciérage, dans un courant d'eaux propres à cette opération, il se convertirait en acier, si surtout on confiait le soin des premières expériences à des hommes qui, accoutumés depuis longtemps à employer le fer, à connaître ses qualités et à remédier à ses défauts, ne manqueraient pas de simplifier les manœuvres et de trouver des matières plus propres à l'opération?

XXXIX

Ce qu'on montre de physique expérimentale dans des leçons publiques suffit-il pour procurer cette espèce de délire philosophique? Je n'en crois rien. Nos faiseurs de cours d'expériences ressemblent un peu à celui qui penserait avoir donné un grand repas parce qu'il aurait eu beaucoup de monde à sa table. Il faudrait donc s'attacher principalement à irriter l'appétit, afin que plusieurs, emportés par le désir de le satisfaire, passassent de la condition de disciples à celle d'amateurs, et de celle-ci à la profession de philosophes. Loin de tout homme public ces réserves si opposées aux progrès des sciences. Il faut révéler et la chose et le moyen. Que je trouve les premiers hommes qui découvrirent les nouveaux calculs grands dans leur invention! que je les trouve petits dans le mystère qu'ils en firent! Si Newton se fût hâté de parler, comme l'intérêt de sa gloire et de la vérité le demandait, Leibnitz ne partagerait pas avec lui le nom d'inventeur. L'Allemand imaginait l'instrument, tandis que l'Anglais se complaisait à étonner les savants par les applications surprenantes qu'il en faisait. En mathématiques, en physique, le plus sûr est d'entrer d'abord en possession en produisant ses titres au public. Au reste, quand je demande la révélation du moyen, j'entends de

celui par lequel on a réussi; on ne peut être
trop succinct sur ceux qui n'ont point eu de
succès.

XL

Ce n'est pas assez de révéler, il faut encore
que la révélation soit entière et claire. Il est
une sorte d'obscurité que l'on pourrait définir *l'affectation des grands maîtres*. C'est un voile
qu'ils se plaisent à tirer entre le peuple et la
nature. Sans le respect qu'on doit aux noms
célèbres, je dirais que telle est l'obscurité qui
règne dans quelques ouvrages de Stahl (1) et
dans les *Principes mathématiques* de Newton.
Ces livres ne demandaient qu'à être enten-
dus pour être estimés ce qu'ils valent, et il
n'en eût pas coûté plus d'un mois à leurs auteurs pour les rendre clairs; ce mois eût
épargné trois ans de travail et d'épuisement
à mille bons esprits. Voilà donc à peu près
trois mille ans de perdus pour autre chose.
Hâtons-nous de rendre la philosophie populaire. Si nous voulons que les philosophes
marchent en avant, approchons le peuple du
point où en sont les philosophes. Diront-ils
qu'il est des ouvrages qu'on ne mettra jamais à la portée du commun des esprits?
S'ils le disent, ils montreront seulement
qu'ils ignorent ce que peuvent la bonne méthode et la longue habitude.

S'il était permis à quelques auteurs d'être
obscurs, dût-on m'accuser de faire ici mon
apologie, j'oserais dire que c'est aux seuls
métaphysiciens proprement dits. Les grandes
abstractions ne comportent qu'une lueur

(1) Le *Specimen Beccherianum*; la *Zimotechnie*; les *Tre-
centa*. Voyez l'article *Chimie*, volume IV de l'*Encyclopédie*.

sombre. L'acte de la généralisation tend à dépouiller les concepts de tout ce qu'ils ont de sensible. A mesure que cet acte s'avance, les spectres corporels s'évanouissent; les notions se retirent peu à peu de l'imagination vers l'entendement, et les idées deviennent purement intellectuelles. Alors le philosophe spéculatif ressemble à celui qui regarde du haut de ces montagnes dont les sommets se perdent dans les nues : les objets de la plaine ont disparu devant lui, il ne lui reste plus que le spectacle de ses pensées et que la conscience de la hauteur à laquelle il s'est élevé et où il n'est peut-être pas donné à tous de le suivre et de respirer.

XLI

La nature n'a-t-elle pas assez de son voile, sans le doubler encore de celui du mystère? N'est-ce pas assez des difficultés de l'art? Ouvrez l'ouvrage de Franklin, feuilletez les livres des chimistes, et vous verrez combien l'art expérimental exige de vues, d'imagination, de sagacité, de ressources; lisez-les attentivement, parce que, s'il est possible d'apprendre en combien de manières une expérience se retourne, c'est là que vous l'apprendrez. Si, au défaut de génie, vous avez besoin d'un moyen technique qui vous dirige, ayez sous les yeux une table des qualités qu'on a reconnues jusqu'à présent dans la matière; voyez entre ces qualités celles qui peuvent convenir à la substance que vous voulez mettre en expérience, assurez-vous qu'elles y sont; tâchez ensuite d'en connaître la quantité; cette quantité se mesurera presque toujours par un instrument où l'application uniforme d'une partie analogue à la substance pourra se faire sans interrup-

tion et sans reste, jusqu'à l'entière exhaus-
tion de la qualité. Quant à l'existence, elle ne
se constatera que par des moyens qui ne se
suggèrent pas. Mais, si l'on n'apprend point
comment il faut chercher, c'est quelque chose
du moins que de savoir ce qu'on cherche. Au
reste, ceux qui seront forcés de s'avouer à
eux-mêmes leur stérilité, soit par une impossibilité bien éprouvée de rien découvrir, soit
par une envie secrète qu'ils porteront aux
découvertes des autres, le chagrin involon-
taire qu'ils en ressentiront et les petites manœuvres qu'ils mettraient volontiers en usage
pour en partager l'honneur; ceux-là feront
bien d'abandonner une science qu'ils cultivent
sans avantage pour elle et sans gloire pour eux.

XLII

Quand on a formé dans sa tête un de ces
systèmes qui demandent à être vérifiés par
l'expérience, il ne faut ni s'y attacher opiniâ-
trément ni l'abandonner avec légèreté. On
pense quelquefois de ses conjectures qu'elles
sont fausses quand on n'a pas pris les mesures convenables pour les trouver vraies.
L'opiniâtreté a même ici moins d'inconvénient que l'excès opposé. A force de multiplier les essais, si l'on ne rencontre pas ce
que l'on cherche, il peut arriver qu'on rencontre mieux. Jamais le temps qu'on emploie
à interroger la nature n'est entièrement
perdu. Il faut mesurer sa constance sur le
degré de l'analogie. Les idées absolument bizarres ne méritent qu'un premier essai. Il
faut accorder quelque chose de plus à celles
qui ont de la vraisemblance, et ne renoncer
que quand on est épuisé à celles qui promettent une découverte importante. Il semble
qu'on n'ait guère besoin de préceptes là-dessus.

On s'attache naturellement aux recherches à proportion de l'intérêt qu'on y prend.

XLIII

Comme les systèmes dont il s'agit ne sont appuyés que sur des idées vagues, des soupçons légers, des analogies trompeuses, et même, puisqu'il le faut dire, sur des chimères que l'esprit échauffé prend facilement pour des vues, il n'en faut abandonner aucun sans auparavant l'avoir fait passer par l'épreuve de l'*inversion*. En philosophie purement rationnelle, la vérité est assez souvent l'extrême opposé de l'erreur; de même, en philosophie expérimentale, ce ne sera pas l'expérience qu'on aura tentée, ce sera son contraire qui produira le phénomène qu'on attendait. Il faut regarder principalement aux deux points diamétralement opposés. Ainsi, dans la seconde de nos rêveries, après avoir couvert l'équateur du globe électrique et découvert les pôles, il faudra couvrir les pôles et laisser l'équateur à découvert, et comme il importe de mettre le plus de ressemblance qu'il est possible entre le globe expérimental et le globe naturel qu'il représente, le choix de la matière dont on couvrira les pôles ne sera pas indifférent. Peut-être faudrait-il y pratiquer des amas d'un fluide, ce qui n'a rien d'impossible dans l'exécution, et ce qui pourrait donner dans l'expérience quelque nouveau phénomène extraordinaire et différent de celui qu'on se propose d'imiter.

XLIV

Les expériences doivent être répétées pour le détail des circonstances et pour la connaissance des limites. Il faut les transporter à des objets différents, les compliquer, les combiner de toutes les manières possibles. Tant que les expériences sont éparses, isolées, sans liaison, irréductibles, il est démontré, par l'irréduction même, qu'il en reste encore à faire. Alors il faut s'attacher uniquement à son objet et le tourmenter, pour ainsi dire, jusqu'à ce qu'on ait tellement enchaîné les phénomènes, que, un d'eux étant donné, tous les autres le soient; travaillons d'abord à la réduction des effets, nous songerons après à la réduction des causes. Or, les effets ne se réduiront jamais qu'à force de les multiplier. Le grand art, dans les moyens qu'on emploie pour exprimer d'une cause tout ce qu'elle peut donner, c'est de bien discerner ceux dont on est en droit d'attendre un phénomène nouveau de ceux qui ne produiront qu'un phénomène travesti. S'occuper sans fin de ces métamorphoses, c'est se fatiguer beaucoup et ne point avancer. Toute expérience qui n'étend pas la loi à quelque cas nouveau, ou qui ne la restreint pas par quelque exception, ne signifie rien. Le moyen le plus court de connaître la valeur de son essai, c'est d'en faire l'antécédent d'un enthymème, et d'examiner le conséquent. La conséquence est-elle exactement la même que celle que l'on a déjà tirée d'un autre essai? on n'a rien découvert, on a tout au plus confirmé une découverte. Il y a peu de gros livres de physique expérimentale que cette règle si simple ne réduisît à un petit nombre de pages, et il est un grand nombre de petits livres qu'elle réduirait à rien.

XLV

De même que, en mathématiques, en examinant toutes les propriétés d'une courbe on trouve que ce n'est que la même propriété présentée sous des faces différentes, dans la nature on reconnaîtra, lorsque la physique expérimentale sera plus avancée, que tous les phénomènes, ou de la pesanteur, ou de l'élasticité, ou de l'attraction, ou du magnétisme, ou de l'électricité, ne sont que des faces différentes de la même affection. Mais entre les phénomènes connus que l'on rapporte à l'une de ces causes, combien y a-t-il de phénomènes intermédiaires à trouver pour former les liaisons, remplir les vides et démontrer l'identité? C'est ce qui ne peut se déterminer. Il y a peut-être un phénomène central qui jetterait des rayons non-seulement à ceux qu'on a, mais encore à tous ceux que le temps ferait découvrir, qui les unirait et qui en formerait un système. Mais au défaut de ce centre de correspondance commune, ils demeureront isolés; toutes les découvertes de la physique expérimentale ne feront que les rapprocher, en s'interposant, sans jamais les réunir, et quand elles parviendraient à les réunir, elles en formeraient un cercle continu de phénomènes où l'on ne pourrait discerner quel serait le premier et quel serait le dernier. Ce cas singulier où la physique expérimentale, à force de travail, aurait formé un labyrinthe dans lequel la physique rationnelle, égarée et perdue, tournerait sans cesse, n'est pas impossible dans la nature, comme il l'est en mathématiques. On trouve toujours en mathématiques, ou par la synthèse ou par l'analyse, les propositions intermédiaires qui séparent la propriété fondamentale d'une courbe de sa propriété la plus éloignée.

XLVI

Il y a des phénomènes trompeurs qui semblent, au premier coup d'œil, renverser un système, et qui, mieux connus, achèveraient de le confirmer. Ces phénomènes deviennent le supplice du philosophe, surtout quand il a le pressentiment que la nature lui en impose, et qu'elle se dérobe à ses conjectures par quelque mécanisme extraordinaire et secret. Ce cas embarrassant aura lieu toutes les fois qu'un phénomène sera le résultat de plusieurs causes conspirantes ou opposées. Si elles conspirent, on trouvera la quantité du phénomène trop grande pour l'hypothèse qu'on aura faite; si elles sont opposées, cette quantité sera trop petite. Quelquefois même elle deviendra nulle, et le phénomène disparaîtra sans qu'on sache à quoi attribuer ce silence capricieux de la nature. Vient-on à en soupçonner la raison? on n'en est guère plus avancé. Il faut travailler à la séparation des causes, décomposer le résultat de leurs actions, et réduire un phénomène très-compliqué à un phénomène simple, ou du moins manifester la complication des causes, leur concours ou leur opposition, par quelque expérience nouvelle, opération souvent délicate, quelquefois impossible. Alors le système chancelle; les philosophes se partagent; les uns lui demeurent attachés; les autres sont entraînés par l'expérience qui paraît le contredire; et l'on dispute jusqu'à ce que la sagacité ou le hasard, qui ne se repose jamais, plus fécond que la sagacité, lève la contradiction et remette en honneur des idées qu'on avait presque abandonnées.

XLVII

Il faut laisser l'expérience à sa liberté; c'est
la tenir captive que de n'en montrer que le
côté qui prouve et que d'en voiler le côté qui
contredit. C'est l'inconvénient qu'il y a, non
pas à avoir des idées, mais à s'en laisser
aveugler lorsqu'on tente une expérience. On
n'est sévère dans son examen que quand le
résultat est contraire au système. Alors on
n'oublie rien de ce qui peut faire changer de
face au phénomène ou de langage à la nature. Dans le cas opposé, l'observateur est
indulgent; il glisse sur les circonstances; il
ne songe guère à proposer des objections à
la nature; il l'en croit sur son premier mot;
il n'y soupçonne point d'équivoque, et il mé-
riterait qu'on lui dît :

— Ton métier est d'interroger la nature, et
tu la fais mentir, ou tu crains de la faire expliquer.

XLVIII

Quand on suit une mauvaise route, plus on
marche vite plus on s'égare; et le moyen de
revenir sur ses pas, quand on a parcouru un
espace immense? L'épuisement des forces ne
le permet pas; la vanité s'y oppose sans qu'on
s'en aperçoive; l'entêtement des principes
répand sur tout ce qui environne un prestige
qui défigure les objets. On ne les voit plus
comme ils sont, mais comme il conviendrait
qu'ils fussent. Au lieu de réformer ses notions
sur les êtres, il semble qu'on prenne à tâche
de modeler les êtres sur ses notions. Entre
tous les philosophes il n'y en a point en qui
cette fureur domine plus évidemment que
dans les méthodistes. Aussitôt qu'un métho-

diste a mis dans son système l'homme à la
tête des quadrupèdes, il ne l'aperçoit plus
dans la nature que comme un animal à quatre pieds. C'est en vain que la raison sublime
dont il est doué se récrie contre la dénomi-
nation d'*animal*, et que son organisation contredit celle de *quadrupède*; c'est en vain que
la nature a tourné ses regards vers le ciel, la
prévention systématique lui courbe le corps
vers la terre. La raison n'est, suivant elle,
qu'un instinct plus parfait; elle croit sérieusement que ce n'est que par défaut d'habitude
que l'homme perd l'usage de ses jambes quand
il s'avise de transformer ses mains en deux
pieds.

XLIX

Mais c'est une chose trop singulière que la
dialectique de quelques méthodistes pour n'en
pas donner un échantillon. « L'homme, dit
Linnæus, *Faund Suecicd, præfat.*, n'est ni une
pierre ni une plante; c'est donc un animal. Il
n'a pas un seul pied, ce n'est donc pas un
ver. Ce n'est pas un insecte, puisqu'il n'a point
d'antennes. Il n'a point de nageoires, ce n'est
donc pas un poisson. Ce n'est pas un oiseau,
puisqu'il n'a point de plumes Qu'est-ce donc
que l'homme? Il a la bouche du quadrupède.
Il a quatre pieds; les deux de devant lui servent à l'attouchement, les deux de derrière
au marcher. C'est donc un quadrupède. » —
« Il est vrai, continue le méthodiste, que, en
conséquence de mes principes d'histoire naturelle, je n'ai jamais su distinguer l'homme
du singe; car il y a certains singes qui ont
moins de poils que certains hommes; ces
singes marchent sur deux pieds, et ils se
servent de leurs pieds et de leurs mains
comme les hommes. D'ailleurs, la parole n'est

point pour moi un caractère distinctif; je n'admets, selon ma méthode, que des caractères qui dépendent du nombre, de la figure, de la proportion et de la situation. »—« Donc, votre méthode est mauvaise, » dit la logique. — « Donc, l'homme est un animal à quatre pieds, » dit le naturaliste.

L

Pour ébranler une hypothèse, il ne faut quelquefois que la pousser aussi loin qu'elle peut aller. Nous allons faire l'essai de ce moyen sur celle du docteur d'Erlang, dont l'ouvrage, rempli d'idées singulières et neuves, donnera bien de la torture à nos philosophes. Son objet est le plus grand que l'intelligence humaine puisse se proposer; c'est le système universel de la nature. L'auteur commence par exposer rapidement les sentiments de ceux qui l'ont précédé et l'insuffisance de leurs principes pour le développement général des phénomènes. Les uns n'ont demandé que l'*étendue* et le *mouvement*. D'autres ont cru devoir ajouter à l'étendue l'*impénétrabilité*, la *mobilité* et l'*inertie*. L'observation des corps célestes, ou plus généralement la physique des grands corps, a démontré la nécessité d'une force par laquelle toutes les parties tendissent ou pesassent les unes vers les autres selon une certaine loi; et l'on a admis l'*attraction* en raison simple de la masse et en raison réciproque du carré de la distance. Les opérations les plus simples de la chimie, ou la physique élémentaire des petits corps a fait recourir à des *attractions* qui suivent d'autres lois; et l'impossibilité d'expliquer la formation d'une plante ou d'un animal, avec les attractions, l'inertie, la mobilité, l'impénétrabilité, le mouvement, la

matière ou l'étendue, a conduit le philosophe
Baumann à supposer encore d'autres propriétés dans la nature. Mécontent des *natures
plastiques*, à qui l'on fait exécuter toutes les
merveilles de la nature sans matière et sans
intelligence; des *substances intelligentes subal-
ternes*, qui agissent sur la matière d'une manière inintelligible; de la *simultanéité de la
création et de la formation des substances*, qui,
contenues les unes dans les autres, se déve-
loppent, dans le temps, par la continuation
d'un premier miracle; et de l'*extemporanéité de
leur production*, qui n'est qu'un enchaine-
ment de miracles réitérés à chaque instant
de la durée; il a pensé que tous ces systèmes, peu philosophiques, n'auraient point eu
lieu sans la crainte mal fondée d'attribuer
des modifications très-connues à un être dont
l'essence, nous étant inconnue, peut être, par
cette raison même, et malgré notre préjugé,
très-compatible avec ces modifications? Mais
quel est cet être? quelles sont ces modifications? Le dirai-je? « Sans doute, répond le
docteur Baumann, l'être corporel est cet être;
ces modifications sont le *désir*, l'*aversion*, la
mémoire et l'*intelligence* ; » en un mot, toutes
les qualités que nous reconnaissons dans les
animaux, que les anciens comprenaient sous
le nom d'*âme sensitive*, et que le docteur Baumann admet, proportion gardée des formes et
des masses, dans la particule la plus petite
de matière comme dans le plus gros animal.
« S'il y avait, dit-il, du péril à accorder aux
molécules de la matière quelques degrés d'intelligence, ce péril serait aussi grand à les
supposer dans un éléphant ou dans un singe
qu'à les reconnaître dans un grain de sable. »
Ici le philosophe de l'Académie d'Erlang emploie les derniers efforts pour écarter de lui
tout soupçon d'athéisme; et il est évident

qu'il ne soutient son hypothèse avec quelque chaleur que parce qu'elle lui paraît satisfaire aux phénomènes les plus difficiles, sans que le matérialisme en soit une conséquence. Il faut lire son ouvrage pour apprendre à concilier les idées philosophiques les plus hardies avec le plus profond respect pour la religion. « Dieu a créé le monde, dit le docteur Baumann, et c'est à nous à trouver, s'il est possible, les lois par lesquelles il a voulu qu'il se conservât et les moyens qu'il a destinés à la reproduction des individus. » Nous avons le champ libre de ce côté, nous pouvons proposer nos idées, et voici les principales idées du docteur.

L'élément séminal, extrait d'une partie semblable à celle qu'il doit former dans l'animal sentant et pensant, aura quelque mémoire de sa situation première; de là la conservation des espèces et la ressemblance des parents.

Il peut arriver que le fluide séminal surabonde ou manque de certains éléments, et que ces éléments ne puissent s'unir par oubli, ou qu'il se fasse des réunions bizarres d'éléments surnuméraires; de là, ou l'impossibilité de la génération ou toutes les générations monstrueuses possibles.

Certains éléments auront pris nécessairement une facilité prodigieuse à s'unir constamment de la même manière; de là, s'ils sont différents, une formation d'animaux microscopiques variée à l'infini; de là, s'ils sont semblables, les polypes, qu'on peut comparer à une grappe d'abeilles infiniment petites, qui, n'ayant la mémoire vive que d'une seule situation, s'accrocheraient et demeureraient accrochées selon cette situation qui leur serait la plus familière.

Quand l'impression d'une situation présente balancera ou éteindra la mémoire d'une si-

tuation passée, en sorte qu'il y ait indifférence
à toute situation, il y aura stérilité; de là la
stérilité des mulets.

Qui empêchera des parties élémentaires,
intelligentes et sensibles, de s'écarter à l'infini de l'ordre qui constitue l'espèce? De là
une infinité d'espèces d'animaux sortis d'un
premier animal, une infinité d'êtres émanés
d'un premier être, un seul acte dans la nature.

Mais chaque élément perdra-t-il, en s'ac-
cumulant et en se combinant, son petit degré
de sentiment et de perception? « Nullement,
dit le docteur Baumann. Ces qualités lui sont
essentielles. » Qu'arrivera-t-il donc? Le voici:
de ces perceptions d'éléments rassemblés et
combinés, il en résultera une perception unique, proportionnée à la masse et à la disposition; et ce système de perceptions, dans lequel chaque élément aura perdu la mémoire
du *soi* et concourra à former la conscience du
tout, sera l'âme de l'animal. *Omnes elemento-*
rum perceptiones conspirare; et in unam fortiorem
et magis perfectam perceptionem coalescere viden-
tur. Hæc forte ad unamquamque ex aliis perceptio-
nibus se habet in eadem ratione quá corpus organi-
satum ad elementum. Elementum quodvis, post
suam cum aliis copulationem, cum suam percep-
tionem illarum perceptionibus confudit, et SUI
CONSCIENTIAM *perdidit, primi elementorum status*
memoria nulla superest, et nostra nobis origo om-
nino abdita manet (1).

C'est ici que nous sommes surpris que l'auteur, ou n'ait pas aperçu les terribles conséquences de son hypothèse, ou que, s'il a aperçu

_____

(1) Voyez à la position LII et à la page 78 ce morceau;
et, dans les pages antérieures et postérieures, des applications très-fines et très-vraisemblables des mêmes principes à d'autres phénomènes.

les conséquences, il n'ait pas abandonné l'hypothèse. C'est maintenant qu'il faut appliquer notre méthode à l'examen de ses principes. Je lui demanderai donc si l'univers, ou la collection générale de toutes les molécules sensibles et pensantes forme un tout ou non. S'il me répond qu'elle ne forme point un tout, il ébranlera d'un seul mot l'existence de Dieu en introduisant le désordre dans la nature, il détruira la base de la philosophie en rompant la chaîne qui lie tous les êtres. S'il convient que c'est un tout où les éléments ne sont pas moins ordonnés que les portions, ou réellement distinctes ou seulement intelligibles, le sont dans un élément et les éléments dans un animal, il faudra qu'il avoue que, en conséquence de cette copulation universelle, le monde, semblable à un grand animal, a une âme; que, le monde pouvant être infini, cette âme du monde, je ne dis pas est, mais peut être un système infini de perceptions et que le monde peut être Dieu. Qu'il proteste tant qu'il voudra contre ces conséquences, elles n'en seront pas moins vraies, et quelque lumière que ses sublimes idées puissent jeter dans les profondeurs de la nature, ces idées n'en seront pas moins effrayantes; il ne s'agissait que de les généraliser pour s'en apercevoir. L'acte de la généralisation est, pour les hypothèses du métaphysicien, ce que les observations et les expériences réitérées sont pour les conjectures du physicien. Les conjectures sont-elles justes? Plus on fait d'expériences, plus les conjectures se vérifient. Les hypothèses sont-elles vraies? Plus on étend les conséquences, plus elles embrassent de vérités, plus elles acquièrent d'évidence et de force. Au contraire, si les conjectures et les hypothèses sont frêles et mal fondées, ou l'on découvre un fait ou l'on aboutit à une

érité contre laquelle elles échouent. L'hy-
thèse du docteur Baumann développera, si
'on veut, le mystère le plus incompréhensi-
le de la nature, la formation des animaux,
u, plus généralement, celle de tous les corps
rganisés; la collection universelle des phé-
omènes et l'existence de Dieu seront ses
cueils. Mais, quoique nous rejetions les idées
du docteur d'Erlang, nous aurions bien mal
conçu l'obscurité des phénomènes qu'il s'était
proposé d'expliquer, la fécondité de son hypothèse, les conséquences surprenantes qu'on
en peut tirer, le mérite des conjectures nouvelles sur un sujet dont se sont occupés les
premiers hommes dans tous les siècles et la
difficulté de combattre les siennes avec succès, si nous ne les regardions pas comme le
fruit d'une méditation profonde, une entreprise hardie sur le système universel de la
nature et la tentative d'un grand philosophe.

LI

De l'impulsion d'une sensation. — Si le docteur
Baumann eût renfermé son système dans de
justes bornes, et n'eût appliqué ses idées qu'à
la formation des animaux sans les étendre à
la nature de l'âme, d'où je crois avoir démontré contre lui qu'on pouvait les porter
jusqu'à l'existence de Dieu, il ne se serait
point précipité dans l'espèce de matérialisme
la plus séduisante, en attribuant aux molécules organiques le désir, l'aversion, le sentiment et la pensée. Il fallait se contenter d'y
supposer une sensibilité mille fois moindre
que celle que le Tout-Puissant a accordée aux
animaux les plus stupides et les plus voisins
de la matière morte. En conséquence de cette
sensibilité sourde et de la différence des con-
figurations, il n'y aurait eu pour une molé-

cule organique quelconque, qu'une situation,
la plus commode de toutes, qu'elle aurait
sans cesse cherchée avec une inquiétude automate, comme il arrive aux animaux de s'a-
giter dans le sommeil, lorsque l'usage de
presque toutes leurs facultés est suspendu,
jusqu'à ce qu'ils aient trouvé la disposition
la plus convenable au repos. Ce seul principe
eût satisfait d'une manière assez simple, et
sans aucune conséquence dangereuse, aux
phénomènes qu'il se proposait d'expliquer et
à ces merveilles sans nombre qui tiennent si
stupéfaits tous nos observateurs d'insectes.
Et il eût défini l'animal en général : *un système de différentes molécules organiques, qui, par
l'impulsion d'une sensation semblable à un toucher
obtus et sourd, que celui qui a créé la matière en
général leur a donné, se sont combinées jusqu'à ce
que chacune ait rencontré la place la plus convenable à sa figure et à son repos.*

LII

Des instruments et des mesures. — Nous avons
observé ailleurs que, puisque les sens étaient
la source de toutes nos connaissances, il importait beaucoup de savoir jusqu'où nous
pouvions compter sur leur témoignage; ajou-
tons ici que l'examen des suppléments de nos
sens ou des instruments n'est pas moins nécessaire. Nouvelle application de l'expérience,
autre source d'observations longues, pénibles
et difficiles. Il y aurait un moyen d'abréger
le travail, ce serait de fermer l'oreille à une
sorte de scrupule de la philosophie rationnelle (car la philosophie rationnelle a ses
scrupules), et de bien connaître dans toutes les quantités jusqu'où la précision des
mesures est nécessaire. Combien d'industrie, de travail et de temps perdus à me-

surer qu'on eût bien mieux employés à découvrir!

LIII

Il est, soit dans l'invention, soit dans la
perfection des instruments, une circonspec-
tion qu'on ne peut trop recommander au physicien; c'est de se méfier des analogies, de ne
jamais conclure ni du plus au moins ni du
moins au plus, de porter son examen sur
toutes les qualités physiques des substances
qu'il emploie. Il ne réussira jamais s'il se né-
glige là-dessus; et quand il aura bien pris
toutes ses mesures, combien de fois n'arrivera-t-il pas qu'un petit obstacle, qu'il n'aura
point prévu ou qu'il aura méprisé, sera la
limite de la nature, et le forcera d'abandonner son ouvrage lorsqu'il le croyait achevé?

LIV

De la distinction des objets. — Puisque l'esprit ne peut tout comprendre, l'imagination
tout prévoir, le sens tout observer et la mémoire tout retenir; puisque les grands hommes naissent à des intervalles de temps si
éloignés, et que les progrès des sciences sont
tellement suspendus par les révolutions, que
des siècles d'étude se passent à recouvrer les
connaissances des siècles écoulés; c'est manquer au genre humain que de tout observer
indistinctement. Les hommes extraordinaires
par leurs talents se doivent respecter eux-
mêmes et la postérité dans l'emploi de leur
temps. Que penserait-elle de nous, si nous
n'avions à lui transmettre qu'une insectolo-
gie complète, qu'une histoire immense d'animaux microscopiques? Aux grands génies les
grands objets; les petits objets aux petits

génies. Il vaut autant que ceux-ci s'en occupent que de ne rien faire.

LV

Des obstacles. — Et puisqu'il ne suffit pas de vouloir une chose, qu'il faut en même temps acquiescer à tout ce qui est presque inséparablement attaché à la chose qu'on veut, celui qui aura résolu de s'appliquer à l'étude de la philosophie s'attendra non-seulement aux obstacles physiques qui sont de la nature de son objet, mais encore à la multitude des obstacles moraux qui doivent se présenter à lui, comme ils se sont offerts à tous les philosophes qui l'ont précédé. Lors donc qu'il lui arrivera d'être traversé, mal entendu, calomnié, compromis, déchiré, qu'il sache se dire à lui-même :

— N'est-ce que dans mon siècle, n'est-ce que pour moi qu'il y a eu des hommes remplis d'ignorance et de fiel, des âmes rongées par l'envie, des têtes troublées par la superstition?

S'il croit quelquefois avoir à se plaindre de ses concitoyens, qu'il sache se parler ainsi :

— Je me plains de mes concitoyens; mais s'il était possible de les interroger tous, et de demander à chacun d'eux lequel il voudrait être, de l'auteur des *Nouvelles ecclésiastiques* ou de Montesquieu; de l'auteur des *Lettres américaines* ou de Buffon, en est-il un seul qui eût un peu de discernement et qui pût balancer sur le choix? Je suis donc certain d'obtenir un jour les seuls applaudissements dont je fasse quelque cas, si j'ai été assez heureux pour les mériter.

Et vous, qui prenez le titre de philosophes et de beaux esprits, et qui ne rougissez point de ressembler à ces insectes importuns qui

assent les instants de leur existence éphé-
mère à troubler l'homme dans ses travaux et
dans son repos, quel est votre but? Qu'espé-
rez-vous de votre acharnement? Quand vous
aurez découragé ce qui reste à la nation
d'auteurs célèbres et d'excellents génies, que
ferez-vous, en revanche, pour elle? Quelles
ont les productions merveilleuses par lesquelles vous dédommagerez le genre humain
de celles qu'il en aurait obtenues?... Malgré
vous, les noms des Duclos, des d'Alembert et
des Rousseau; des de Voltaire, des Mauper
tuis et des Montesquieu; des de Buffon et des
d'Aubenton seront en honneur parmi nous et
chez nos neveux; et si quelqu'un se souvient
un jour des vôtres :

— Ils ont été, dira-t-il, les persécuteurs des
premiers hommes de leur temps, et si nous
possédons la préface de l'*Encyclopédie*, l'*Histoire du Siècle de Louis XIV*, l'*Esprit des Lois* et
l'*Histoire de la Nature*, c'est que, heureusement, il n'était pas au pouvoir de ces gens-
là de nous en priver.

LVI

Des causes. — I. A ne consulter que les vai-
nes conjectures de la philosophie et la faible
lumière de notre raison, on croirait que la
chaîne des causes n'a point eu de commencement et que celle des effets n'aura point de
fin. Supposez une molécule déplacée, elle ne
s'est point déplacée d'elle-même; la cause de
son déplacement a une autre cause; celle-ci
une autre, et ainsi de suite, sans qu'on puisse
trouver de limites *naturelles* aux causes dans
la durée qui a précédé. Supposez une molécule déplacée, ce déplacement aura un effet,
cet effet un autre effet, et ainsi de suite, sans
qu'on puisse trouver de limites *naturelles* aux

effets dans la durée qui suivra. L'esprit, épouvanté de ces progrès à l'infini des causes les plus faibles et des effets les plus légers, ne se refuse à cette supposition, et à quelques autres de la même espèce, que par le préjuge qu'il ne se passe rien au delà de la portée de nos sens, et que tout cesse où nous ne voyons plus. Mais une des principales différences de l'observateur de la nature et de son interprète, c'est que celui-ci part du point où les sens et les instruments abandonnent l'autre; il conjecture par ce qui est ce qui doit être encore; il tire de l'ordre des choses des conclusions abstraites et générales, qui ont pour lui toute l'évidence des vérités sensibles et particulières; il s'élève à l'essence même de l'ordre; il voit que la coexistence *pure* et *simple* d'un être sensible et pensant avec un enchaînement quelconque de causes et d'effets ne lui suffit pas pour en porter un jugement absolu; il s'arrête là; s'il faisait un pas de plus, il sortirait de la nature.

2. *Des causes finales.* — Qui sommes-nous pour expliquer les fins de la nature? Ne nous apercevrons-nous point que c'est presque toujours aux dépens de sa puissance que nous préconisons sa sagesse et que nous ôtons à ses ressources plus que nous ne pouvons jamais accorder à ses vues? Cette manière de l'interpréter est mauvaise, même en théologie naturelle. C'est substituer la conjecture de l'homme à l'ouvrage de Dieu; c'est attacher la plus importante des vérités au sort d'une hypothèse. Mais le phénomène le plus commun suffira pour montrer combien la recherche de ces causes est contraire à la véritable science. Je suppose qu'un physicien, interrogé sur la nature du lait, réponde que c'est un aliment qui commence à se préparer dans la femelle quand elle a conçu, et que la na-

ture destine à la nourriture de l'animal qui doit naître; que cette définition m'apprendra-t-elle sur la formation du lait? Que puis-je penser de la destination prétendue de ce fluide et des autres idées physiologiques qui l'accompagnent, lorsque je sais qu'il y a eu des hommes qui ont fait jaillir le lait de leurs mamelles, que l'anastomose des artères épigastriques et mammaires me démontre que c'est le lait qui cause le gonflement de la gorge dont les filles mêmes sont quelquefois incommodées à l'approche de l'évacuation périodique (1); qu'il n'y ait presque aucune fille qui ne devînt nourrice si elle se faisait teter; et que j'ai sous les yeux une femelle d'une espèce si petite, qu'il ne s'est point trouvé de mâle qui lui convînt, qui n'a point été couverte, qui n'a jamais porté, et dont les tettes se sont gonflées de lait au point qu'il a fallu recourir aux moyens ordinaires pour la soulager? Combien n'est-il pas ridicule d'entendre des anatomistes attribuer sérieusement à la pudeur de la nature une ombre qu'elle a répandue sur des endroits de notre corps où il n'y a rien de déshonnête à couvrir? L'usage que lui supposent d'autres anatomistes fait un peu moins d'honneur à la pudeur de la nature, mais n'en fait pas davantage à leur sagacité. Le physicien, dont la profession est d'instruire et non d'édifier, abandonnera donc le *pourquoi*, et ne s'occupera que du *comment*. Le *comment*, se tire des êtres, le *pourquoi*, de notre entendement; il tient à nos systèmes, il dépend du progrès de nos connaissances. Combien d'idées absurdes, de suppositions fausses, de notions chimériques dans ces hymnes, que quelques défen-

---

(1) Cette découverte anatomique est de M. Bertin, et c'est une des plus belles qui se soient faites de nos jours.

seurs téméraires des causes finales ont osé composer à l'honneur du Créateur? Au lieu de partager les transports de l'admiration du prophète, et de s'écrier pendant la nuit, à la vue des étoiles sans nombre dont les cieux sont éclairés : *Cœli enarrant gloriam Dei!* ils se sont abandonnés à la superstition de leurs conjectures. Au lieu d'adorer le Tout-Puissant dans les êtres mêmes de la nature, ils se sont prosternés devant les fantômes de leur imagination. Si quelqu'un, retenu par le préjugé, doute de la solidité de mon reproche, je l'invite à comparer le *Traité* que Galien a écrit de l'usage des parties du corps humain avec la *Physiologie* de Boerhaave, et la *Physiologie* de Boerhaave avec celle d'Haller; j'invite la postérité à comparer ce que ce dernier ouvrage contient de vues systématiques et passagères avec ce que la physiologie deviendra dans les siècles suivants. L'homme fait un mérite à l'Éternel de ses petites vues, et l'Éternel, qui l'entend du haut de son trône, et qui connaît son intention, accepte sa louange imbécile et sourit de sa vanité.

LVII

De quelques préjugés. — Il n'y a rien ni dans les faits de la nature ni dans les circonstances de la vie qui ne soit un piège tendu à notre précipitation. J'en atteste la plupart de ces axiomes généraux qu'on regarde comme le bon sens des nations. On dit : « Il ne se passe rien de nouveau sous le ciel; » et cela est vrai pour celui qui s'en tient aux apparences grossières. Mais qu'est-ce que cette sentence pour le philosophe, dont l'occupation journalière est de saisir les différences les plus insensibles? Qu'en devait penser celui qui assura que sur tout un arbre il n'y aurait pas deux feuilles *sensiblement* du même vert? Qu'en penserait celui qui, réfléchissant sur le grand nombre des causes, même connues, qui doivent concourir à la production d'une nuance de couleur précisément telle, prétendrait, sans croire outrer l'opinion de Leibnitz, qu'il est démontré par la différence des points de l'espace où les corps sont placés, combinée avec ce nombre prodigieux de causes, qu'il n'y a peut-être jamais eu et qu'il n'y aura peut-être jamais dans la nature deux brins d'herbe *absolument* du même vert? Si les êtres s'altèrent successivement en passant par les nuances les plus imperceptibles, le temps, qui ne s'arrête point, doit mettre à la longue, entre les formes qui ont existé très-anciennement, celles qui existent aujourd'hui, celles qui existeront dans les siècles reculés, la différence la plus grande; et le *nil sub sole novum* n'est qu'un préjugé fondé sur la faiblesse de nos organes, l'imperfection de nos instruments et la brièveté de notre vie. On dit, en morale : *Tot capita, tot sensus;* c'est le contraire qui est vrai; rien n'est si commun que des têtes et si rare que des avis. On dit, en littérature : « Il ne faut point disputer des goûts. » Si l'on entend qu'il ne faut point disputer à un homme que tel est son goût, c'est une puérilité. Si l'on entend qu'il n'y a ni bon ni mauvais dans le goût, c'est une fausseté. Le philosophe examinera sévèrement tous ces axiomes de la sagesse populaire.

LVIII

QUESTIONS

Il n'y a qu'une manière possible d'être homogène, il y a une infinité de manières différentes possibles d'être hétérogène. Il me paraît aussi impossible que tous les êtres de la nature aient été produits avec une matière parfaitement homogène qu'il le serait de les représenter avec une seule et même couleur. Je crois même entrevoir que la diversité des phénomènes ne peut être le résultat d'une hétérogénéité quelconque. J'appellerai donc *éléments* les différentes matières hétérogènes nécessaires pour la production générale des phénomènes de la nature, et j'appellerai *la nature* le résultat général actuel ou les résultats généraux successifs de la combinaison des éléments. Les éléments doivent avoir des différences essentielles, sans quoi tout aurait pu naître de l'homogénéité, puisque tout y pourrait retourner. Il est, il a été ou il sera une combinaison naturelle ou une combinaison artificielle, dans laquelle un élément est, a été ou sera porté à sa plus grande division possible. La molécule d'un élément, dans cet état de division dernière, est indivisible d'une indivisibilité absolue, puisqu'une division ultérieure de cette molécule étant hors des lois de la nature et au delà des forces de l'art n'est plus qu'intelligible. L'état de division dernière, possible dans la nature ou par l'art, n'étant pas le même, selon toute apparence, pour des matières essentiellement hétérogènes, il s'ensuit qu'il y a des molécules essentiellement différentes en masse, et toutefois absolument indivisibles en elles-mêmes. Combien y a-t-il de matières essentiellement hétérogènes ou élémentaires ? Nous l'ignorons. Quelles sont les différences essentielles des matières que nous regardons comme absolument hétérogènes ou élémentaires ? Nous l'ignorons. Jusqu'où la division d'une matière élémentaire est-elle portée, soit dans les productions de l'art, soit dans les ouvrages de la nature? Nous l'ignorons, etc., etc., etc. J'ai joint les combinaisons de l'art à celles de la nature, parce que, entre une infinité de faits que nous ignorons et que nous ne saurons jamais, il en est un qui nous est encore caché, savoir si la division d'une matière élémentaire n'a point été, n'est point ou ne sera pas portée plus loin dans quelque opération de l'art qu'elle ne l'a été, ne l'est et ne le sera dans aucune combinaison de la nature abandonnée à elle-même. Et l'on va voir, par la première des questions suivantes, pourquoi j'ai fait entrer dans quelques-unes de mes propositions les notions du passé, du présent et de l'avenir, et pourquoi j'ai inséré l'idée de succession dans la définition que j'ai donnée de la nature.

Si les phénomènes ne sont pas enchaînés les uns aux autres, il n'y a point de philosophie. Les phénomènes seraient tous enchaînés, que l'état de chacun d'eux pourrait être sans permanence. Mais si l'état des êtres est dans une vicissitude perpétuelle; si la nature est encore à l'ouvrage, malgré la chaîne qui lie les phénomènes, il n'y a point de philosophie. Toute notre science naturelle devient aussi transitoire que les mots. Ce que nous prenons pour l'histoire de la nature n'est que l'histoire très-incomplète d'un instant. Je demande donc si les métaux ont toujours été et seront toujours tels qu'ils sont; si les plantes ont toujours été et seront toujours telles qu'elles sont; si les animaux ont toujours été et seront toujours tels qu'ils sont? etc. Après avoir médité profondément sur certains phénomènes, un doute qu'on vous pardonnerait peut-être, ô sceptiques! ce n'est pas que le monde ait été créé, mais qu'il soit tel qu'il a été et qu'il sera.

DIDEROT. 3

2

De même que dans le règnes animal et végétal un individu commence, pour ainsi dire, s'accroît, dure, dépérit et passe, n'en serait-il pas de même des espèces entières? Si la foi ne nous apprenait que les animaux sont sortis des mains du Créateur tels que nous les voyons, et s'il était permis d'avoir la moindre incertitude sur leur commencement et sur leur fin, le philosophe, abandonné à ses conjectures, ne pourrait-il pas soupçonner que l'animalité avait de toute éternité ses éléments particuliers épars et confondus dans la masse de la matière; qu'il est arrivé à ces éléments de se réunir, parce qu'il était possible que cela se fît; que l'embryon formé de ces éléments a passé par une infinité d'organisations et de développements; qu'il a eu par succession du mouvement, de la sensation, des idées, de la pensée, de la réflexion, de la conscience, des sentiments, des passions, des signes, des gestes, des sons, des sons articulés, une langue, des lois, des sciences et des arts; qu'il s'est écoulé des millions d'années entre chacun de ces développements; qu'il a peut-être encore d'autres développements à subir et d'autres accroissements à prendre qui nous sont inconnus; qu'il a eu ou qu'il aura un état stationnaire; qu'il s'éloigne ou qu'il s'éloignera de cet état par un dépérissement éternel, pendant lequel ses facultés sortiront de lui comme elles y étaient entrées; qu'il disparaîtra pour jamais de la nature, ou plutôt qu'il continuera d'y exister, mais sous une forme et avec des facultés tout autres que celles qu'on lui remarque dans cet instant de la durée? La religion nous épargne bien des écarts et bien des travaux. Si elle ne nous eût point éclairés sur

l'origine du monde et sur le système universel des êtres, combien d'hypothèses différentes que nous aurions été tentés de prendre
pour le secret de la nature? Ces hypothèses
étant toutes également fausses, nous auraient
paru toutes à peu près également vraisemblables. La question *pourquoi il existe quelque
chose* est la plus embarrassante que la philosophie pût se proposer, et il n'y a que la
révélation qui y réponde.

3

Si l'on jette les yeux sur les animaux et
sur la terre brute qu'ils foulent aux pieds;
sur les molécules organiques et sur le fluide
dans lequel elles se meuvent; sur les insectes microscopiques et sur la matière qui les
produit et qui les environne, il est évident
que la matière en général est divisée en matière morte et en matière vivante. Mais comment se peut-il faire que la matière ne soit
pas une, ou toute vivante ou toute morte?
La matière vivante est-elle toujours vivante?
et la matière morte est-elle toujours et réellement morte? La matière vivante ne meurt-
elle point? La matière morte ne commence-
t-elle jamais à vivre?

4

Y a-t-il quelque autre différence assignable
entre la matière morte et la matière vivante
que l'organisation et que la spontanéité réelle
ou apparente du mouvement?

5

Ce qu'on appelle matière vivante, ne serait-
ce pas seulement une matière qui se meut
par elle-même? et ce qu'on appelle une matière morte, ne serait-ce pas une matière mo-
bile par une autre matière?

6

Si la matière vivante est une matière qui se meut par elle-même, comment peut-elle cesser de se mouvoir sans mourir?

7

S'il y a une matière vivante et une matière morte par elles-mêmes, ces deux principes suffisent-ils pour la production générale de toutes les formes et de tous les phénomènes?

8

• En géométrie, une quantité réelle jointe à une quantité imaginaire donne un tout imaginaire; dans la nature, si une molécule de matière vivante s'applique à une molécule de matière morte, le tout sera-t-il vivant ou sera-t-il mort?

9

Si l'aggrégat peut être ou vivant ou mort, quand et pourquoi sera-t-il vivant? quand et pourquoi sera-t-il mort?

10

Mort ou vivant, il existe sous une forme; sous quelque forme qu'il existe, quel en est le principe?

11

Les moules sont-ils principes des formes? Qu'est-ce qu'un moule? Est-ce un être réel et préexistant, ou n'est-ce que les limites intelligibles de l'énergie d'une molécule vivante unie à de la matière morte ou vivante, limites déterminées par le rapport de l'énergie en tout sens? Si c'est un être réel et préexistant, comment s'est-il formé?

12

L'énergie d'une molécule vivante varie-t-elle par elle-même ou ne varie-t-elle que selon la quantité, la qualité, les formes de la matière morte ou vivante à laquelle elle s'unit?

13

Y a-t-il des matières vivantes spécifiquement différentes de matières vivantes, ou toute matière vivante est-elle essentiellement une et propre à tout? J'en demande autant des matières mortes.

14

La matière vivante se combine-t-elle avec de la matière vivante? Comment se fait cette combinaison? Quel en est le résultat? J'en demande autant de la matière morte.

15

Si l'on pouvait supposer toute la matière vivante ou toute la matière morte, y aurait-il jamais autre chose que de la matière morte ou que de la matière vivante? ou les molécules vivantes ne pourraient-elles pas reprendre la vie après l'avoir perdue, pour la reperdre encore, et ainsi de suite à l'infini?

Quand je tourne mes regards sur les travaux des hommes, et que je vois des villes bâties de toutes parts, tous les éléments employés, des langues fixées, des peuples policés, des ports construits, les mers traversées, la terre et les cieux mesurés, le monde me paraît bien vieux. Lorsque je trouve les hommes incertains sur les premiers principes de la médecine et de l'agriculture, sur les propriétés des substances les plus communes, sur la connaissance des maladies dont ils sont affligés, sur la taille des arbres, sur la forme de la charrue, la terre ne me paraît habitée que d'hier. Et si les hommes étaient sages, ils se livreraient enfin à des recherches relatives à leur bien-être, et ne répondraient à mes questions futiles que dans mille ans au plus tôt; ou peut-être même, considérant sans cesse le peu d'étendue qu'ils occupent dans l'espace et dans la durée, ils ne daigneront jamais y répondre.

OBSERVATION

SUR UN ENDROIT DE LA PAGE 33.

Je t'ai dit, jeune homme, que *les qualités, telles que l'attraction, se propageaient à l'infini lorsque rien ne limitait la sphère de leur action.* « On t'objectera que *j'aurais même pu dire qu'elles se propageaient uniformément.* On ajoutera peut-être qu'on ne conçoit guère comment une quantité s'exerce *à distance* sans aucun intermède; mais qu'il n'y a point d'absurdités, et qu'il n'y en eut jamais, ou que c'en est une de prétendre qu'elle s'exerce dans le vide diversement, à différentes distances; qu'alors on n'aperçoit rien, soit au dedans, soit au dehors d'une portion de matière, qui soit capable de faire varier son action; que Descartes, Newton, les philosophes anciens et modernes ont tous supposé qu'un corps animé dans le vide de la quantité de mouvement la plus petite irait à l'infini uniformément en ligne droite; que la distance n'est donc par elle-même ni un obstacle ni un véhicule; que toute qualité dont l'action varie selon une raison quelconque, inverse ou directe de la distance, ramène nécessairement au plein et à la philosophie corpusculaire, et que la supposition du vide et celle de la variabilité de l'action d'une cause sont deux suppositions contradictoires. » Si l'on te propose ces difficultés, je te conseille d'en aller chercher la réponse chez quelque Newtonien, car je t'avoue que j'ignore comment on les résout.

PENSÉES PHILOSOPHIQUES

Piscis hic non est omnium;

—

Quis leget hæc?

(PERS., *Sat.* I.)

━━◇━━

J'écris de Dieu; je compte sur peu de lecteurs; et n'aspire qu'à quelques suffrages. Si ces pensées ne plaisent à personne, elles pourront n'être que mauvaises; mais je les tiens pour détestables si elles plaisent à tout le monde.

I

On déclame sans fin contre les passions; on leur impute toutes les peines de l'homme, et l'on oublie qu'elles sont aussi la source de tous ses plaisirs. C'est, dans sa constitution, un élément dont on ne peut dire ni trop de bien ni trop de mal. Mais ce qui me donne de l'humeur, c'est qu'on ne les regarde jamais que du mauvais côté. On croirait faire injure à la raison si on disait un mot en faveur de ses rivales; cependant, il n'y a que les passions et les grandes passions qui puissent élever l'âme aux grandes choses; sans elles, plus de sublime, soit dans les mœurs, soit dans les ouvrages; les beaux-arts retournent en enfance et la vertu devient minutieuse.

II

Les passions sobres font les hommes communs. Si j'attends l'ennemi, quand il s'agit du salut de ma patrie, je ne suis qu'un citoyen ordinaire; mon amitié n'est que circonspecte, si le péril d'un ami me laisse les yeux ouverts sur le mien. La vie m'est-elle plus chère que ma maîtresse? je ne suis qu'un amant comme un autre.

III

Les passions amorties dégradent les hommes extraordinaires. La contrainte anéantit la grandeur et l'énergie de la nature. Voyez cet arbre, c'est au luxe de ses branches que vous devez la fraîcheur et l'étendue de ses ombres; vous en jouirez jusqu'à ce que l'hiver vienne le dépouiller de sa chevelure. Plus d'excellence en poésie, en peinture, en musique, lorsque la superstition aura fait sur le tempérament l'ouvrage de la vieillesse.

IV

Ce serait donc un bonheur, me dira-t-on, d'avoir des passions fortes? Oui, sans doute, si toutes sont à l'unisson. Etablissez entre elles une juste harmonie et n'en appréhendez point de désordres. Si l'espérance est balancée par la crainte, le point d'honneur par l'amour de la vie, le penchant au plaisir par l'intérêt de la santé, vous ne verrez ni libertins, ni téméraires, ni lâches.

V

C'est le comble de la folie que de se proposer la ruine des passions. Le beau projet que celui d'un dévot qui se tourmente comme un forcené pour ne rien désirer, ne rien aimer, ne rien sentir, et qui finirait par devenir un vrai monstre s'il réussissait!

VI

Ce qui fait l'objet de mon estime dans un homme pourrait-il être l'objet de mes mépris dans un autre? Non, sans doute. Le vrai, indépendant de mes caprices doit être la règle de mes jugements, et je ne ferai point un crime à celui-ci de ce que j'admirerai dans celui-là comme une vertu. Croirai-je qu'il était réservé à quelques-uns de pratiquer des actes de perfection que la nature et la religion doivent ordonner indifféremment à tous? Encore moins; car d'où leur viendrait ce privilège exclusif? si Pacôme a bien fait de rompre avec le genre humain pour s'enterrer dans une solitude, il ne m'est pas défendu de l'imiter; en l'imitant je serai tout aussi vertueux que lui; et je ne devine pas pourquoi cent autres n'auraient pas le même droit que moi. Cependant il ferait beau voir une province tout entière, effrayée des dangers de la société, se disperser dans les forêts; ses habitants vivre en bêtes farouches pour se sanctifier; mille colonnes s'élever sur les ruines de toutes affections sociales; un nouveau peuple de Stylites se dépouiller par religion des sentiments de la nature, cesser d'être hommes et faire les statues pour être vrais chrétiens!

VII

Quelles voix! quels cris! quels gémissements! Qui a renfermé dans ces cachots tous ces cadavres plaintifs? Quels crimes ont commis tous ces malheureux? Les uns se frappent la poitrine avec des cailloux, d'autres se déchirent le corps avec des ongles de fer; tous ont les regrets, la douleur et la mort

dans les yeux. Qui les condamne à ces tour-
ments?... *Le Dieu qu'ils ont offensé...* Quel est
donc ce Dieu?... *Un Dieu plein de bonté.* Un
Dieu plein de bonté trouverait-il du plaisir à
se baigner dans les larmes? Les frayeurs ne
feraient-elles pas injure à sa clémence? Si des
criminels avaient à calmer les fureurs d'un
tyran, que feraient-ils de plus?

VIII

Il y a des gens dont il ne faut pas dire
qu'ils craignent Dieu, mais bien qu'ils en ont
peur.

IX

Sur le portrait qu'on me fait de l'Être su-
prême, sur son penchant à la colère, sur la
rigueur de ses vengeances, sur certaines com-
paraisons qui nous expriment en nombre le
rapport de ceux qu'il laisse périr à ceux à qui
il daigne tendre la main, l'âme la plus droite
serait tentée de souhaiter qu'il n'existât pas.
L'on serait assez tranquille en ce monde si
l'on était bien assuré que l'on n'a rien à craindre dans l'autre; la pensée qu'il n'y a point
de Dieu n'a jamais effrayé personne, mais
bien celle qu'il y en a un tel que celui qu'on
me peint.

X

Il ne faut imaginer Dieu ni trop bon ni
méchant; la justice est entre l'excès de la
clémence et la cruauté, ainsi que les peines
finies sont entre l'impunité et les peines
éternelles.

XI

Je sais que les idées sombres de la superstition sont plus généralement approuvées que suivies; qu'il est des dévots, qui n'estiment pas qu'il faille se haïr cruellement pour bien aimer Dieu, et vivre en désespérés pour être religieux; leur dévotion est enjouée, leur sagesse est fort humaine; mais d'où naît cette différence de sentiments entre des gens qui se prosternent aux pieds des mêmes autels? La piété suivrait-elle aussi la loi de ce maudit tempérament? Hélas! comment en disconvenir? Son influence ne se remarque que trop sensiblement dans le même dévot; il voit, selon qu'il est affecté, un Dieu vengeur où miséricordieux, les enfers ou les cieux ouverts; il tremble de frayeur ou brûle d'amour; c'est une fièvre qui a des accès froids et chauds.

XII

Oui, je le soutiens, la superstition est plus injurieuse à Dieu que l'athéisme. «J'aimerais mieux, dit Plutarque, qu'on pensât qu'il n'y eût jamais de Plutarque au monde, que de croire que Plutarque est injuste, colère, inconstant, jaloux, vindicatif, et tel qu'il serait bien fâché d'être.»

XIII

Le déiste seul peut faire tête à l'athée; le superstitieux n'est pas de sa force, son Dieu n'est qu'un être d'imagination. Outre les difficultés de la matière, il est exposé à toutes celles qui résultent de la fausseté de ses notions. Un C..., un S..., auraient été mille fois plus embarrassants pour un Vanini que tous les Nicoles et les Pascals (1) du monde.

XIV

Pascal avait de la droiture, mais il était peureux et crédule; élégant écrivain et raisonneur profond, il eût sans doute éclairé l'univers si la providence ne l'eût abandonné à des gens qui sacrifièrent ses talents à leurs haines. Qu'il serait à souhaiter qu'il eût laissé aux théologiens de son temps le soin de vider leurs querelles; qu'il se fût livré à la recherche de la vérité, sans réserve et sans crainte d'offenser Dieu, en se servant de tout l'esprit qu'il en avait reçu; et surtout qu'il eût refusé pour maîtres des hommes qui n'étaient pas dignes d'être ses disciples! On pourrait bien lui appliquer ce que l'ingénieux La Mothe disait de La Fontaine, qu'il fut assez bête pour croire qu'Arnaud, de Sacy et Nicole valaient mieux que lui.

XV

Je vous dis qu'il n'y a point de Dieu, que la création est une chimère, que l'éternité du monde n'est pas plus incommode que l'éternité d'un esprit; que, parce que je ne conçois pas comment le mouvement a pu engendrer cet univers qu'il a si bien la vertu de conserver, il est ridicule de lever cette difficulté par l'existence supposée d'un Etre que je ne conçois pas davantage; que, si les merveilles qui brillent dans l'ordre physique décèlent quelque intelligence, les désordres qui règnent dans l'ordre moral anéantissent toute providence. Je vous dis que, si tout est l'ou-

(1) Jansénistes célèbres

vrage d'un Dieu, tout doit être le mieux qu'il est possible; car, si tout n'est pas le mieux qu'il est possible, c'est un Dieu impuissance ou mauvaise volonté. C'est donc pour le mieux que je ne suis pas plus éclairé sur son existence; cela posé, qu'ai-je à faire de vos lumières? Quand il serait aussi démontré qu'il l'est peu que tout mal est la source d'un bien; qu'il était bon qu'un Britannicus, que le meilleur des princes pérît; qu'un Néron, que le plus méchant des hommes régnât, comment prouverait-on qu'il était impossible d'atteindre au même but sans user des mêmes moyens? Permettre des vices pour relever l'éclat des vertus, c'est un bien frivole avantage pour un inconvénient si réel. » Voilà, dit l'athée, ce que je vous objecte; qu'avez-vous à répondre?... *Que je suis un scélérat; et que si je n'avais rien à craindre de Dieu, je n'en combattrais pas l'existence.*

Laissons cette phrase aux déclamateurs; elle peut choquer la vérité, l'urbanité la défend, et elle marque peu de charité. Parce qu'un homme a tort de ne pas croire en Dieu, avons-nous raison de l'injurier? On n'a recours aux invectives que quand on manque de preuves. Entre deux controversistes, il y a cent à parier contre un que celui qui aura tort se fâchera.

— Tu prends ton tonnerre au lieu de répondre, dit Ménippe à Jupiter; tu as donc tort?

XVI

On demandait un jour à quelqu'un s'il y avait de vrais athées.

— Croyez-vous, répondit-il, qu'il y ait de vrais chrétiens?

XVII

Toutes les billevesées de la métaphysique ne valent pas un argument *ad hominem*. Pour convaincre, il ne faut quelquefois que réveiller le sentiment, ou physique ou moral. C'est avec un bâton qu'on a prouvé au pyrrhonien qu'il avait tort de nier son existence. Cartouche, le pistolet à la main, aurait pu faire à Hobbes une pareille leçon.

— La bourse ou la vie; nous sommes seuls, je suis le plus fort, et il n'est pas question entre nous d'équité.

XVIII

Ce n'est pas de la main du métaphysicien que sont partis les grands coups que l'athéisme a reçus. Les méditations sublimes de Malebranche et de Descartes, étaient moins propres à ébranler le matérialisme qu'une observation de Malpighi. Si cette dangereuse hypothèse chancelle de nos jours, c'est à la physique expérimentale que l'honneur en est dû. Ce n'est que dans les ouvrages de Newton, de Muschenbroeck, d'Hartzoeker et de Nieuwentit qu'on a trouvé des preuves satisfaisantes de l'existence d'un Être souverainement intelligent. Grâces aux travaux de ces grands hommes, le monde n'est plus un dieu, c'est une machine qui a ses roues, ses cordes, ses poulies, ses ressorts et ses poids.

XIX

Les subtilités de l'ontologie ont fait tout au plus des sceptiques; c'est à la connaissance de la nature qu'il était réservé de faire de vrais déistes. La seule découverte des ger-

mes a dissipé une des plus puissantes objections de l'athéisme. Que le mouvement soit
essentiel ou accidentel à la matière, je suis
maintenant convaincu que ses effets se ter-
minent à des développements; toutes les observations concourent à me démontrer que
la putréfaction seule ne produit rien d'organisé; je puis admettre que le mécanisme de
l'insecte le plus vil n'est pas moins merveilleux que celui de l'homme, et je ne crains
pas qu'on en infère qu'une agitation intestine des molécules étant capable de donner
l'un il est vraisemblable qu'elle a donné l'autre. Si un athée avait avancé, il y a deux
cents ans, qu'on verrait peut-être un jour des
hommes sortir tout formés des entrailles de
la terre, comme on voit éclore une foule d'insectes d'une masse de chair échauffée, je
voudrais bien savoir ce qu'un métaphysicien
aurait eu à lui répondre.

XX

C'était en vain que j'avais essayé contre
un athée les subtilités de l'école; il avait
même tiré de la faiblesse de ces raisonnements
une objection assez forte.

— Une multitude de vérités me sont démontrées sans réplique, disait-il; et l'existence
de Dieu, la réalité du bien et du mal moral,
l'immortalité de l'âme, sont encore des problèmes pour moi; quoi donc! me serait-il
moins important d'être éclairé sur ces sujets,
que d'être convaincu que les trois angles d'un
triangle sont égaux à deux droits?

Tandis qu'en habile déclamateur, il me
faisait avaler à longs traits toute l'amertume
de cette réflexion, je rengageai le combat
par une question qui dut paraître singulière
à un homme enflé de ses premiers succès.

— Êtes-vous un être pensant? lui deman-
dai-je.

— En pourriez vous douter? me répondit-il
d'un air satisfait.

— Pourquoi non? Qu'ai-je aperçu qui m'en
convainque?... des sons et des mouvements?...
Mais le philosophe en voit autant dans l'a-
nimal qu'il dépouille de la faculté de penser!
Pourquoi vous accorderais-je ce que Descartes refuse à la fourmi? Vous produisez à
l'extérieur des actes assez propres à m'en
imposer; je serais tenté d'assurer que vous
pensez en effet; mais la raison suspend mon
jugement. Entre les actes extérieurs et la
pensée, il n'y a point de liaison essentielle,
me dit-elle; il est possible que ton antago-
niste ne pense non plus que sa montre; fallait-
il prendre pour un être pensant le premier
animal à qui l'on apprit à parler? Qui t'a ré-
vélé que tous les hommes ne sont pas autant
de perroquets instruits à ton insu?

— Cette comparaison est tout au plus ingénieuse, me répliqua-t-il; ce n'est pas sur
le mouvement et les sons, c'est sur le fil des
idées, la conséquence qui règne entre les
propositions et la liaison des raisonnements
qu'il faut juger qu'un être pense; s'il se trouvait un perroquet qui répondit à tout, je pro-
noncerais sans balancer que c'est un être
pensant. Mais qu'a de commun cette question
avec l'existence de Dieu? Quand vous m'aurez démontré que l'homme en qui j'aperçois
le plus d'esprit n'est peut-être qu'un automate,
en serai-je mieux disposé à reconnaître une
intelligence dans la nature?...

— C'est mon affaire, repris-je; convenez
cependant qu'il y aurait de la folie à refuser
à vos semblables la faculté de penser.

— Sans doute; mais que s'ensuit-il de là?

— Il s'ensuit que si l'univers, que dis-je

l'univers, que si l'aile d'un papillon m'offre
des traces mille fois plus distinctes d'une
intelligence, que vous n'avez d'indices que
votre semblable est doué de la faculté de
penser, il serait mille fois plus fou de nier
qu'il existe un Dieu que de nier que votre
semblable pense ; or, que cela soit ainsi, c'est
à vos lumières, c'est à votre conscience que
j'en appelle ; avez-vous jamais remarqué dans
les raisonnements, les actions et la conduite de
quelque homme que ce soit, plus d'intelligence,
d'ordre, de sagacité, de conséquence que
dans le mécanisme d'un insecte? La Divinité
n'est-elle pas aussi clairement empreinte dans
l'œil d'un ciron que la faculté de penser dans
les ouvrages du grand Newton? Quoi! le
monde formé prouve moins une intelligence
que le monde expliqué?... Quelle assertion!...
« Mais, répliquez-vous, j'admets la faculté
de penser dans un autre, d'autant plus volontiers que je pense moi-même... » Voilà,
j'en tombe d'accord, une présomption que je
n'ai point ; mais n'en suis-je pas dédommagé
par la supériorité de mes preuves sur les vôtres? L'intelligence d'un premier être ne m'est-
elle pas mieux démontrée dans la nature par
ses ouvrages que la faculté de penser dans
un philosophe par ses écrits ; songez donc que
je ne vous objectais qu'une aile de papillon,
qu'un œil de ciron, quand je pouvais vous
écraser du poids de l'univers. Ou je me trompe
lourdement, ou cette preuve vaut bien la
meilleure qu'on ait encore dictée dans les
écoles. C'est sur ce raisonnement, et quelques autres de la même simplicité, que j'admets l'existence d'un Dieu, et non sur ces
tissus d'idées sèches et métaphysiques, moins
propres à dévoiler la vérité qu'à lui donner
l'air du mensonge.

XXI

J'ouvre les cahiers d'un professeur célèbre, et je lis : « Athées, je vous accorde que le mouvement est essentiel à la matière; qu'en concluez-vous?... Que le monde résulte du jet fortuit des atomes? J'aimerais autant que vous me disiez que *l'Iliade* d'Homère ou *la Henriade* de Voltaire est un résultat de jets fortuits de caractères » Je me garderai bien de faire ce raisonnement à un athée; cette comparaison lui donnerait beau jeu.

— Selon les lois de l'analyse des sorts, me dirait-il, je ne dois point être surpris qu'une chose arrive lorsqu'elle est possible et que la difficulté de l'événement est compensée par la quantité des jets. Il y a tel nombre de coups dans lesquels je gagerais avec avantage d'amener cent mille six à la fois avec cent mille dés. Quelle que fût la somme finie des caractères avec laquelle on me proposerait d'engendrer fortuitement *l'Iliade*, il y a telle somme finie de jets qui me rendrait la proposition avantageuse; mon avantage serait même infini, si la quantité de jets accordée était infinie. Vous voulez bien convenir avec moi, continuerait-il que la matière existe de toute éternité, et que le mouvement lui est essentiel. Pour répondre à cette faveur, je vais supposer avec vous que le monde n'a point de bornes, que la multitude des atomes était infinie, et cet ordre qui vous étonne ne se dément nulle part; or, de ces aveux réciproques, il ne s'ensuit autre chose sinon que la possibilité d'engendrer fortuitement l'univers est très-petite, mais que la quantité des jets est infinie; c'est-à-dire que la difficulté de l'événement est plus que suffisamment compensée par la multitude des

ets. Donc, si quelque chose doit répugner à
a raison, c'est la supposition que la matière
étant mue de toute éternité, et qu'y ayant
eut-être dans la forme infinie des combi-
aisons possibles un nombre infini d'arrange-
ents admirables, il ne se soit rencontré
ucun de ces arrangements admirables dans
a multitude infinie de ceux qu'elle a pris
uccessivement. Donc l'esprit doit être plus
tonné de la durée hypothétique du chaos que
e la naissance réelle de l'univers.

XXII

Je distingue les athées en trois classes : il
en a quelques-uns qui vous disent nette-
ent qu'il n'y a point de Dieu, et qui le pensent; *ce sont les vrais athées;* un assez grand
nombre qui ne savent qu'en penser, et qui
décideraient volontiers la question à croix ou
pile; *ce sont les athées sceptiques;* beaucoup plus
qui voudraient qu'il n'y en eût point, qui
font semblant d'en être persuadés, qui vivent
comme s'ils l'étaient; *ce sont les fanfarons du
parti.* Je déteste les fanfarons; ils sont faux;
je plains les vrais athées; toute consolation
me semble morte pour eux, *et je prie Dieu* pour
les sceptiques, ils manquent de lumières.

XXIII

Le déiste assure l'existence d'un Dieu, l'immortalité de l'âme et ses suites; le sceptique
n'est pas décidé sur ces articles; l'athée les
nie. Le sceptique a donc pour être vertueux
un motif de plus que l'athée et quelque raison de moins que le déiste. Sans la crainte
du législateur, la pente du tempérament et
la connaissance des avantages actuels de la
vertu, la probité de l'athée manquerait de

fondement et celle du sceptique serait fondée
sur un *peut-être*.

XXIV

Le scepticisme ne convient pas à tout le
monde : il suppose un examen profond et dés-
intéressé; celui qui doute parce qu'il ne
connaît pas les raisons de crédibilité n'est
qu'un ignorant. Le vrai sceptique a compté et
pesé les raisons; mais ce n'est pas une petite affaire que de peser des raisonnements.
Qui de nous en connaît exactement la valeur?
Qu'on apporte cent preuves de la même vérité, aucune ne manquera de partisans; chaque esprit à son télescope. C'est un colosse à
mes yeux que cette objection qui disparaît
aux vôtres; vous trouvez légère une raison
qui m'écrase. Si nous sommes divisés sur la
valeur intrinsèque, comment nous accorde-
rons-nous sur le poids relatif? Dites-moi,
combien faut-il de preuves morales pour con-
tre-balancer une conclusion métaphysique?
Sont-ce mes lunettes qui pèchent ou les vôtres? Si donc il est si difficile de peser des
raisons, et s'il n'est point de questions qui
n'en aient pour et contre, et presque toujours
à égale mesure, pourquoi tranchons-nous si
vite? D'où nous vient ce ton si décidé? N'a-
vons-nous pas éprouvé cent fois que la suf-
fisance dogmatique révolte? «On me fait haïr
les choses vraisemblables, dit l'auteur des
Essais, quand on me les plante pour infailli-
bles. J'aime ces mots qui amollissent et mo-
dèrent la témérité de nos propositions, *à l'a-
venture, aucunement, quelquefois, on dit, je pense*,
et autres semblables; et si j'eusse eu à dresser des enfants, je leur eusse tant mis en la
bouche cette façon de répondre enquestante
et non résolutive, *qu'est-ce à dire? je ne l'en-*

tends pas, il pourrait être, est-il vrai? qu'ils eussent plutôt gardé la forme d'apprentis à
soixante ans, que de représenter les docteurs
à l'âge de quinze ans. »

XXV

« Qu'est-ce que Dieu? » question qu'on fait
aux enfants, et à laquelle les philosophes ont
bien de la peine à répondre.

On sait à quel âge un enfant doit apprendre à lire, à chanter, à danser, le latin, la
géométrie. Ce n'est qu'en matière de religion
qu'on ne consulte point sa portée; à peine
entend-il, qu'on lui demande : « Qu'est-ce que
Dieu? » C'est dans le même instant, c'est de la
même bouche qu'il apprend qu'il y a des esprits follets, des revenants, des loups-garous
et un Dieu. On lui inculque une des plus importantes vérités d'une manière capable de la
décrier un jour au tribunal de sa raison. En
effet, qu'y aura-t-il de surprenant si, trouvant à l'âge de vingt ans l'existence de Dieu
confondue dans sa tête avec une foule de
préjugés ridicules, il vient à la méconnaître
et à la traiter ainsi que nos juges traitent un
honnête homme qui se trouve engagé par
accident dans une troupe de coquins?

XXVI

On nous parle trop tôt de Dieu; autre défaut, on n'insiste pas assez sur sa présence.
Les hommes ont banni la Divinité d'entre eux;
ils l'ont reléguée dans un sanctuaire, les
murs d'un temple bornent sa vue, elle n'existe
point au delà. Insensés que vous êtes, détruisez ces enceintes qui rétrécissent vos
idées, élargissez Dieu, voyez-le partout où il
est, ou dites qu'il n'est point. Si j'avais un

enfant à dresser, moi, je lui ferais de la Divinité une compagnie si réelle, qu'il lui en coûterait peut-être moins pour devenir athée que pour s'en distraire. Au lieu de lui citer l'exemple d'un autre homme qu'il connaît quelquefois pour plus méchant que lui, je lui dirais brusquement : *Dieu t'entend et tu mens.* Les jeunes gens veulent être pris par les sens. Je multiplierais donc autour de lui les signes indicatifs de la présence divine. S'il se faisait, par exemple, un cercle chez moi, j'y marquerais une place à Dieu, et j'accoutumerais mon élève à dire : « Nous étions quatre, Dieu, mon ami, mon gouverneur et moi. »

XXVII

L'ignorance et *l'incurie* sont deux oreillers fort doux; mais pour les trouver tels, il faut avoir *la tête aussi bien faite* que Montaigne.

III

Les esprits bouillants, les imaginations ardentes ne s'accommodent pas de l'indolence du sceptique. Ils aiment mieux hasarder un choix que de n'en faire aucun, se tromper que de vivre incertains : soit qu'ils se méfient de leurs bras, soit qu'ils craignent la profondeur des eaux, on les voit toujours suspendus à des branches dont ils sentent toute la faiblesse et auxquelles ils aiment mieux demeurer accrochés que de s'abandonner au torrent. Ils assurent tout, bien qu'ils n'aient rien soigneusement examiné : ils ne doutent de rien, parce qu'ils n'en ont ni la patience ni le courage. Sujets à des lueurs qui les décident, si par hasard ils rencontrent la vérité, ce n'est point à tâtons, c'est brusquement et comme par révélation. Ils sont, entre les dogmatiques ce qu'on appelle les illuminés chez le peuple dévot. J'ai vu des individus de cette espèce inquiète qui ne concevaient pas comment on pouvait allier la tranquillité d'esprit avec l'indécision.

— Le moyen de vivre heureux sans savoir qui l'on est, d'où l'on vient, où l'on va, pourquoi l'on est venu!

— Je me pique d'ignorer tout cela sans être plus malheureux, répondait froidement le sceptique; ce n'est point ma faute si j'ai trouvé ma raison muette quand je l'ai questionnée sur mon état. Toute ma vie j'ignorerai sans chagrin ce qu'il m'est impossible de savoir. Pourquoi regretterais-je des connaissances que je n'ai pu me procurer, et qui sans doute ne me sont pas fort nécessaires puisque j'en suis privé?

« J'aimerais autant, a dit un des premiers génies de notre siècle, m'affliger sérieusement de n'avoir pas quatre yeux, quatre pieds et deux ailes. »

XXIX

On doit exiger de moi que je cherche la vérité, mais non que je la trouve. Un sophisme ne peut-il pas m'affecter plus vivement qu'une preuve solide? Je suis dans la nécessité de consentir au faux que je prends pour le vrai et de rejeter le vrai que je prends pour le faux; mais qu'ai-je à craindre si c'est innocemment que je me trompe? L'on n'est pas récompensé dans l'autre monde pour avoir eu de l'esprit dans celui-ci; y serait-on puni pour en avoir manqué? Damner un homme pour de mauvais raisonnements, c'est oublier qu'il est un sot pour le traiter comme un méchant.

XXX

Qu'est-ce qu'un sceptique ? C'est un philosophe qui a douté de tout ce qu'il croit et qui croit ce qu'un usage légitime de sa raison et de ses sens lui a démontré vrai ; voulez-vous quelque chose de plus précis ? rendez sincère le pyrrhonien, et vous aurez le sceptique.

XXXI

Ce qu'on n'a jamais mis en question n'a point été prouvé ; ce qu'on n'a point examiné sans prévention n'a jamais été bien examiné. Le scepticisme est donc le premier pas vers la vérité. Il doit être général, car il en est la pierre de touche. Si, pour s'assurer de l'existence de Dieu, le philosophe commence par en douter, y a-t-il quelque proposition qui puisse se soustraire à cette épreuve ?

XXXII

L'incrédulité est quelquefois le vice d'un sot et la crédulité le défaut d'un homme d'esprit. L'homme d'esprit voit loin dans l'immensité des possibles ; le sot ne voit guère de possible que ce qui est. C'est là peut-être ce qui rend l'un pusillanime et l'autre téméraire.

XXXIII

On risque autant à croire trop qu'à croire trop peu. Il n'y a ni plus ni moins de danger à être polythéiste qu'athée ; or, le septicisme peut seul garantir également, en tout temps et en tout lieu, de ces deux excès opposés.

XXXIV

Un semi-scepticisme est la marque d'un esprit faible; il décèle un raisonneur pusillanime qui se laisse effrayer par les conséquences, un superstitieux qui croit honorer son Dieu par les entraves où il met sa raison, une espèce d'incrédule qui craint de se démasquer à lui-même; car si la vérité n'a rien à perdre à l'examen, comme en est convaincu le semi-sceptique, que pense-t-il au fond de son âme de ces notions privilégiées, qu'il appréhende de fonder, et qui sont placées dans un recoin de sa cervelle comme dans un sanctuaire dont il n'ose approcher?

XXXV

J'entends crier de toute part à l'impiété. Le chrétien est impie en Asie, le musulman en Europe, le papiste à Londres, le calviniste à Paris, le janséniste au haut de la rue Saint-Jacques, le moliniste au fond du faubourg Saint-Médard. Qu'est-ce donc qu'un impie? Tout le monde l'est-il ou personne?

XXXVI

Quand les dévots se déchaînent contre le scepticisme, il me semble qu'ils entendent mal leur intérêt ou qu'ils se contredisent. S'il est certain qu'un culte vrai pour être embrassé, et qu'un faux culte pour être abandonné, n'ont besoin que d'être bien connus, il serait à souhaiter qu'un doute universel se répandît sur la surface de la terre, et que tous les peuples voulussent bien mettre en question la vérité de leurs religions, nos missionnaires trouveraient la bonne moitié de leur besogne faite.

XXXVII

Celui qui ne conserve pas par choix le culte qu'il a reçu par éducation ne peut non plus se glorifier d'être chrétien ou musulman que de n'être point né aveugle ou boiteux; c'est un bonheur et non pas un mérite.

XXXVIII

Celui qui mourrait pour un culte dont il connaîtrait la fausseté serait un enragé.

Celui qui meurt pour un culte faux, mais qu'il croit vrai, ou pour un culte vrai, mais dont il n'a point de preuves, est un fanatique.

Le vrai martyr est celui qui meurt pour un culte vrai et dont la vérité lui est démontrée.

XXXIX

Le vrai martyr attend la mort.
L'enthousiaste y court.

XL

Celui qui, se trouvant à la Mecque, irait insulter aux cendres de Mahomet, renverser ses autels et troubler toute une mosquée, se ferait empaler à coup sûr et ne serait peut-être pas canonisé. Ce zèle n'est plus à la mode. Polyeucte ne serait de nos jours qu'un insensé.

XLI

Le temps des révélations, des prodiges et des missions extraordinaires est passé; le christianisme n'a plus besoin de cet échafaudage. Un homme qui s'aviserait de jouer parmi nous le rôle de Jonas, de courir les rues en criant : « Encore trois jours et Paris ne sera plus: Parisiens, faites pénitence, couvrez-vous de sacs et de cendres, ou dans trois jours vous périrez, » serait incontinent saisi et traîné devant un juge qui ne manquerait pas de l'envoyer aux petites-maisons; il aurait beau dire : « Peuples, Dieu vous aime-t-il moins que le Ninivite ? êtes-vous moins coupables que lui ? » On ne s'amuserait point à lui répondre, et pour le traiter en visionnaire on n'attendrait pas le terme de la prédiction.

Élie peut revenir de l'autre monde quand il voudra, les hommes sont tels qu'il fera de grands miracles s'il est bien accueilli dans celui-ci.

XLII

Lorsqu'on annonce au peuple un dogme qui contredit la religion dominante, ou quelque fait contraire à la tranquillité publique, justifiât-on sa mission par des miracles, le gouvernement a droit de sévir, et le peuple de crier : *Crucifige*. Quel danger n'y aurait-il pas à abandonner les esprits aux séductions d'un imposteur ou aux rêveries d'un visionnaire? Si le sang de Jésus-Christ a crié vengeance contre les Juifs, c'est qu'en le répandant ils fermaient l'oreille à la voix de Moïse et des prophètes qui le déclaraient le Messie. Un ange vînt-il à descendre des cieux, pa-

puyât-il ses raisonnements par des miracles,
s'il prêche contre la loi de Jésus-Christ, Paul
veut qu'on lui dise anathème. Ce n'est donc
pas par les miracles qu'il faut juger de la
mission d'un homme, mais c'est par la conformité de sa doctrine avec celle du peuple
auquel il se dit envoyé, *surtout lorsque la doctrine de ce peuple est démontrée vraie.*

XLIII

Toute innovation est à craindre dans un
gouvernement ; la plus sainte et la plus douce
des religions, le christianisme même ne s'est
pas affermi sans causer quelques troubles.
Les premiers enfants de l'Église sont sortis
plus d'une fois de la modération et de la patience qui leur étaient prescrites. Qu'il me
soit permis de rapporter ici quelques fragments d'un édit de l'empereur Julien, ils ca-
ractériseront à merveille le génie de ce prince
philosophe et l'humeur des zélés de son
temps.

« J'avais imaginé, dit Julien, que les chefs
des Galiléens sentiraient combien mes procédés sont différents de ceux de mon prédé-
cesseur, et qu'ils m'en sauraient quelque gré ;
ils ont souffert sous son règne l'exil et les
prisons, et l'on a passé au fil de l'épée une
multitude de ceux qu'ils appellent entre eux
hérétiques... Sous le mien, on a rappelé les
exilés, élargi les prisonniers, et rétabli les
proscrits dans la possession de leurs biens.
Mais telle est l'inquiétude et la fureur de cette
espèce d'hommes, que depuis qu'ils ont perdu
le privilége de se dévorer les uns les autres,
de tourmenter et ceux qui sont attachés à
leurs dogmes et ceux qui suivent la religion
autorisée par les lois, ils n'épargnent aucun
moyen, ne laissent échapper aucune occasion

d'exciter des révoltes, gens sans égard pour la vraie piété et sans respect pour nos constitutions... Toutefois, nous n'entendons pas qu'on les traîne au pied de nos autels et qu'on leur fasse violence... Quant au menu peuple, il paraît que ce sont ses chefs qui fomentent en lui l'esprit de sédition, furieux qu'ils sont des bornes que nous avons mises à leurs pouvoirs; car nous les avons bannis de nos tribunaux, et ils n'ont plus la commodité de disposer des testaments, de supplanter les héritiers légitimes et de s'emparer des successions... C'est pourquoi nous défendons à ce peuple de s'assembler en tumulte et de cabaler chez ses prêtres séditieux... Que cet édit fasse la sûreté de nos magistrats que les mutins ont insultés plus d'une fois et mis en danger d'être lapidés... Qu'ils se rendent paisiblement chez leurs chefs, qu'ils y prient, qu'ils s'y instruisent, et qu'ils y satisfassent au culte qu'ils en ont reçu; nous le leur permettons ! mais qu'ils renoncent à tous desseins factieux... Si ces assemblées sont pour eux une occasion de révolte, ce sera à leurs risques et fortunes; je les en avertis... Peuples incrédules, vivez en paix... Et vous qui êtes demeurés fidèles à la religion de votre pays et aux Dieux de vos pères, ne persécutez point des voisins, des concitoyens, dont l'ignorance est encore plus à plaindre que la méchanceté n'est à blâmer... C'est par la raison et non par la violence qu'il faut ramener les hommes à la vérité; nous vous enjoignons donc à vous tous nos fidèles sujets, de laisser en repos les Galiléens. »

Tels étaient les sentiments de ce prince, à qui l'on peut reprocher le paganisme, mais non l'apostasie; il passa les premières années de sa vie sous différents maîtres et dans différentes écoles et fit, dans un âge plus avancé un choix infortuné : il se décida malheureusement pour le culte de ses aïeux et les dieux de son pays.

XLIV

Une chose qui m'étonne, c'est que les ouvrages de ce savant empereur soient parvenus jusqu'à nous : ils contiennent des traits qui ne nuisent pas à la vérité du christianisme, mais qui sont assez désavantageux à quelques chrétiens de son temps, pour qu'ils se sentissent de l'attention singulière que les Pères de l'Eglise ont eue de supprimer les ouvrages de leurs ennemis. C'est apparemment de ces prédécesseurs que saint Grégoire le Grand avait hérité du zèle barbare qui l'anima contre les lettres et les arts; s'il n'eût tenu qu'à ce pontife, nous serions dans le cas des mahométans, qui en sont réduits, pour toute lecture, à celle de leur Alcoran. Car, quel eût été le sort des anciens écrivains entre les mains d'un homme qui solécisait par principe de religion; qui s'imaginait qu'observer les règles de la grammaire, c'était soumettre Jésus-Christ à Donat, et qui se crut obligé, en conscience, de combler les ruines de l'antiquité.

XLV

Cependant la divinité des Écritures n'est point un caractère si clairement empreint en elles que l'autorité des historiens sacrés soit absolument indépendante du témoignage des auteurs profanes. Où en serions-nous s'il fallait reconnaître le doigt de Dieu dans la forme de notre bible? Combien la version latine n'est-elle pas misérable? Les originaux mêmes ne sont pas des chefs-d'œuvre de composition. Les prophètes, les apôtres et les évangélistes ont écrit comme ils y entendaient. S'il nous était permis de regarder l'histoire du peuple hébreu comme une simple production de l'esprit humain, Moïse et ses continuateurs ne l'emporteraient pas sur Tite-Live, Salluste, César et Josèphe, tous gens qu'on ne soupçonne pas assurément d'avoir écrit par inspiration. Ne préfère-t-on pas même le jésuite Berruyer à Moïse? On conserve dans nos églises des tableaux qu'on nous assure avoir été peints par des anges et par la Divinité même; si ces morceaux étaient sortis de la main de Le Sueur ou de Le Brun, que pourrais-je opposer à cette tradition immémoriale? Rien du tout peut-être. Mais quand j'observe ces célestes ouvrages, et que je vois à chaque pas les règles de la peinture violées dans le dessin et dans l'exécution, le vrai de l'art abandonné partout, ne pouvant supposer que l'ouvrier était un ignorant, il faut bien que j'accuse la tradition d'être fabuleuse. Quelle application ne ferais-je point de ces tableaux aux saintes Écritures, si je ne savais combien il importe peu que ce qu'elles contiennent soit bien ou mal dit. Les prophètes se sont piqués de dire vrai et non pas de bien dire. Les apôtres sont-ils morts pour autre chose que pour la vérité de ce qu'ils ont dit ou écrit? Or, pour en revenir au point que je traite, de quelle conséquence n'était-il pas de conserver des auteurs profanes qui ne pouvaient manquer de s'accorder avec les auteurs sacrés, au moins sur l'existence et les miracles de Jésus-Christ, sur les qualités et le caractère de Ponce-Pilate, et sur les actions et le martyre des premiers chrétiens?

XLVI

Un peuple entier, me direz-vous, est témoin de ce fait; oserez-vous le nier? Oui,
j'oserai tant qu'il ne me sera pas confirmé
par l'autorité de quelqu'un qui ne soit pas de
votre parti, et que j'ignorerai que ce quelqu'un
était incapable de fanatisme et de séduction;
il y a plus : qu'un auteur d'une impartialité
avouée, me raconte qu'un gouffre s'est ouvert au milieu d'une ville ; que les dieux
consultés sur cet événement, ont répondu
qu'il se refermera si l'on y jette ce que l'on
possède de plus précieux; qu'un brave chevalier s'y est précipité, et que l'oracle s'est
accompli; je le croirai beaucoup moins que
s'il eût dit simplement qu'un gouffre s'étant
ouvert, on employa un temps et des travaux
considérables pour le combler. Moins un fait
a de vraisemblance, plus le témoignage de
l'histoire perd de son poids. Je croirais sans
peine un seul honnête homme qui m'annon-
cerait *que Sa Majesté vient de remporter une
victoire complète* sur les alliés; mais tout Paris m'assurerait qu'un mort vient de ressus-
citer à Passy, que je n'en croirais rien. Qu'un
historien nous en impose, ou que tout un
peuple se trompe, ce ne sont pas des prodiges.

XLVII

Tarquin projette d'ajouter de nouveaux
corps de cavalerie à ceux que Romulus avait
formés. Un augure lui soutient que toute innovation dans cette milice est sacrilège, si
les dieux ne l'ont autorisée. Choqué de la liberté de ce prêtre, et résolu de le confondre
et de décrier en sa personne un art qui croi-

sait son autorité, Tarquin le fait appeler sur la place publique, et lui dit :

— Devin, ce que je pense est-il possible? Si ta science est telle que tu la vantes, elle te met en état de répondre.

L'augure ne se déconcerte point, consulte les oiseaux et répond :

— Oui, prince, ce que tu penses se peut faire.

Alors Tarquin, tirant un rasoir de dessous sa robe et prenant à la main un caillou :

— Approche, dit-il au devin, coupe-moi ce caillou avec ce rasoir, car j'ai pensé que cela se pouvait.

Navius, c'est le nom de l'augure, se tourne vers le peuple et dit avec assurance :

— Qu'on applique le rasoir au caillou, et qu'on me traîne au supplice s'il n'est divisé sur-le-champ.

L'on vit en effet, contre toute attente, la dureté du caillou céder au tranchant du rasoir; ses parties se séparent si promptement que le rasoir porte sur la main de Tarquin et en tire du sang. Le peuple étonné fait des acclamations; Tarquin renonce à ses projets et se déclare protecteur des augures; on enferme sous un autel le rasoir et les fragments du caillou; on élève une statue au devin; cette statue subsistait encore sous le règne d'Auguste, et l'antiquité profane et sacrée nous atteste la vérité de ce fait dans les écrits de Lactance, de Denys d'Halicarnasse et de saint Augustin.

Vous avez entendu l'histoire, écoutez la superstition :

— Que répondez-vous à cela? Il faut, dit le superstitieux Quintus à Cicéron son frère, il faut se précipiter dans un monstrueux pyrrhonisme, traiter les peuples et les historiens de stupides et brûler les annales, ou conve-

DIDEROT.

nir de ce fait. Nierez-vous tout, plutôt que
d'avouer que les dieux se mêlent de nos affaires ?

*Hoc ego philosophi non arbitror testibus uti, qui
aut casu veri aut malitia falsi, fictique esse possunt.
Argumentis et rationibus oportet, quare quidque ita
sit, docere, non eventis, iis præsertim quibus mihi
non liceat credere... Omitte igitur lituum Romuli,
quem in maximo incendio negas potuisse comburi?
Contemne cotem Attii Navii? Nihil debet esse in
philosophia a commentitiis fabellis loci. Illud erat
philosophi, totius augurii primum naturam ipsam
videre, deinde inventionem, deinde constantiam...
Habent Etrusci exaratum puerum autorem disci-
plinæ suæ. Nos quem? Attiumne Navium? Placet
igitur humanitatis expertes habere Divinitatis au-
tores.* Mais c'est la croyance des rois, des peuples, des nations et du monde. *Quasi vero quid-
quam sit tam valde, quam nihil sapere, vulgare?
Aut quasi tibi ipsi in judicando placeat multitudo.*
Voilà la réponse du philosophe. Qu'on me
cite un seul prodige auquel elle ne soit pas
applicable. Les pères de l'Eglise, qui voyaient
sans doute de grands inconvénients à se servir des principes de Cicéron, ont mieux aimé
convenir de l'aventure de Tarquin, et attribuer l'art de Navius au diable; c'est une belle
machine que le diable !

XLVIII

Tous les peuples ont de ces faits, à qui,
pour être merveilleux, il ne manque que d'être
vrais; avec lesquels on démontre tout, mais
qu'on ne prouve point; qu'on n'ose nier sans
être impie, qu'on ne peut croire sans être imbécile.

XLIX

Romulus, frappé de la foudre ou massacré par les sénateurs, disparaît d'entre les Romains; le peuple et le soldat en murmurent; les ordres de l'État se soulèvent les uns contre les autres, et Rome naissante, divisée au dedans et environnée d'ennemis au dehors était au bord du précipice, lorsqu'un certain Proculeius s'avance gravement et dit:

— Romains, ce prince que vous regrettez n'est point mort, il est monté aux cieux, où il est assis à la droite de Jupiter. « Va, m'a-t-il dit, calme tes concitoyens, annonce-leur que Romulus est ent.e les dieux; assure-les de ma protection; qu'ils sachent que les forces de leurs ennemis ne prévaudront jamais contre eux; le destin veut qu'ils soient un jour les maîtres du monde; qu'ils en fassent seulement passer la prédiction d'âge en âge à leur postérité la plus reculée. »

Il est des conjectures favorables à l'imposture; et si l'on examine quel était alors l'état d'affaires de Rome, on conviendra que Proculeius était homme de tête et qu'il avait su prendre son temps. Il introduisit dans les esprits un préjugé qui ne fut pas inutile à la grandeur future de sa patrie... *Mirum est quantum illi viro, hæc nuntianti, fidei fuerit; quamque desiderium Romuli apud plebem, facta fide immortalitatis, lenitum sit. Famam hanc ad...ratio viri et pavor præsens nobilitavit, deinde a paucis initio facto, Deum, Deo natum, salvere universi Romulum jubent.* C'est-à-dire que le peuple crut à cette apparition, que les sénateurs firent semblant d'y croire, et que Romulus eut des autels. Mais les choses n'en demeurèrent pas là. Bientôt ce ne fut point un simple particulier à qui Romulus s'était apparu; il s'était montré à plus de mille personnes en un jour. Il n'avait point été frappé de la foudre; les sénateurs ne s'en étaient point défaits à la faveur d'un temps orageux, mais il s'était élevé dans les airs au milieu des éclairs et au bruit du tonnerre, à la vue de tout un peuple et cette aventure se *coîfeutra* avec le temps d'un si grand nombre de pièces, que les esprits forts du siècle suivant devaient en être fort embarrassés.

L

'Une seule démonstration me frappe plus que cinquante faits; grâce à l'extrême confiance que j'ai en ma raison, ma foi n'est point à la merci du premier saltimbanque. Pontife de Mahomet, redresse des boiteux, fais parler des muets, rends la vue aux aveugles, guéris des paralytiques, ressuscite les morts, restitue même aux estropiés les membres qui leur manquent, miracle qu'on n'a point encore tenté, et, à ton grand étonnement, ma foi n'en sera point ébranlée. Veux-tu que je devienne ton prosélyte, laisse tous ces prestiges, et raisonnons : je suis plus sûr de mon jugement que de mes yeux.

Si la religion que tu m'annonces est vraie, sa vérité peut être mise en évidence et se démontrer par des raisons invincibles; trouveles, ces raisons. Pourquoi me harceler par des prodiges, quand tu n'as besoin pour me terrasser que d'un syllogisme? Quoi donc, te serait-il plus facile de redresser un boiteux que de m'éclairer?

LI

Un homme est étendu sur la terre sans sentiment, sans voix, sans chaleur, sans mouvement; on le tourne, on le retourne, on l'agite, le feu lui est appliqué, rien ne le meut, le fer chaud n'en peut arracher un symptôme le vie, on le croit mort; l'est-il? Non c'est le pendant du prêtre de Calame. « *Qui quando ei placebat, ad imitatas quasi lamentantis hominis voces, ita se auferebat a sensibus et jacebat simillimus mortuo, ut non solum vellicantes atque pungentes minime sentiret, sed aliquando etiam igne ureretur admoto, sine ullo doloris sensu, nisi post modum ex vulnere.* » (S. Aug., *Cité de Dieu*, liv. XIV, ch. XXIV). Si certaines gens avaient rencontré de nos jours un pareil sujet, ils en auraient tiré bon parti. On nous aurait fait voir un cadavre se ranimer sur la cendre d'un prédestiné; le recueil du magistrat janséniste se serait enflé d'une résurrection, et le constitutionnaire se tiendrait peut-être pour confondu.

LII

Il faut avouer, dit le logicien de Port-Royal, que saint Augustin a eu raison de soutenir, avec Platon, que le jugement de la vérité et la règle pour discerner n'appartiennent pas aux sens, mais à l'esprit : *Non est veritatis judicium in sensibus*; et même que cette certitude que l'on peut tirer des sens ne s'étend pas bien loin, et qu'il y a plusieurs choses que l'on croit savoir par leur entremise et dont on n'a point une pleine assurance. Lors donc que le témoignage des sens contredit ou ne contre-balance point l'autorité de la raison, il n'y a pas à opter; en bonne logique, c'est à la raison qu'il faut s'en tenir.

LIII

Un faubourg retentit d'acclamations; la cendre d'un prédestiné y fait en un jour plus de prodiges que Jésus-Christ n'en fit en toute sa vie; on y court, on s'y porte, j'y suis la foule; j'arrive à peine que j'entends crier : « Miracle! miracle! » J'approche, je regarde, et je vois un petit boiteux qui se promène à l'aide de trois ou quatre personnes charitables qui le soutiennent, et le peuple, qui s'en émerveille, répéter : « Miracle! miracle! » Où donc est le miracle, peuple imbécile? Ne vois-tu pas que ce fourbe n'a fait que changer de béquilles. Il en était dans cette occasion des miracles comme il en est toujours des esprits. Je jurerais bien que tous ceux qui ont vu des esprits les craignaient d'avance, et que tous ceux qui voyaient là des miracles étaient bien résolus d'en voir.

LIV

Nous avons toutefois de ces miracles prétendus un vaste recueil qui peut braver l'incrédulité la plus déterminée. L'auteur est un sénateur, un homme grave, qui faisait profession d'un matérialisme assez mal entendu à la vérité, mais qui n'attendait pas sa fortune de sa conversion; témoin oculaire des faits qu'il raconte, et dont il a pu juger sans prévention et sans intérêt, son témoignage est accompagné de mille autres. Tous disent qu'ils ont vu, et leur déposition a toute l'authenticité possible; les actes originaux en sont conservés dans les archives publiques; que répondre à cela? Que répondre? Que ces miracles ne prouvent rien tant que la question de ses sentiments ne sera point décidée.

LV

Tout raisonnement qui prouve pour deux partis ne prouve ni pour l'un ni pour l'autre. Si le fanatisme a ses martyrs, ainsi que la vraie religion, et si entre ceux qui sont morts pour la vraie religion il y a eu des fanatiques, ou comptons, si nous le pouvons, le nombre des morts, et croyons, ou cherchons d'autres motifs de crédibilité.

LVI

Rien n'est plus capable d'affermir dans l'ir-religion que de faux motifs de conversion. On dit tous les jours à des incrédules :

— Qui êtes-vous pour attaquer une religion que les Paul, les Tertullien, les Athanase, les Chrysostome, les Augustin, les Cyprien et tant d'autres illustres personnages ont si courageusement défendue? Vous avez sans doute aperçu quelque difficulté qui avait échappé à ces génies supérieurs; montrez-nous donc que vous en savez plus qu'eux, ou sacrifiez vos doutes à leurs décisions, si vous convenez qu'ils en savaient plus que vous.

Raisonnement frivole. Les lumières des ministres ne sont point une preuve de la vérité d'une religion. Quel culte plus absurde que celui des Égyptiens, et quels ministres plus éclairés?... Non, je ne peux adorer cet oignon; quel privilége a-t-il sur les autres légumes? Je serais bien fou de prostituer mon hommage à des êtres destinés à ma nourriture. La plaisante divinité qu'une plante que j'arrose, qui croît et meurt dans mon potager!... «Tais-toi, misérable, tes blasphèmes me font frémir; c'est bien à toi à raisonner, en sais-tu là-dessus plus que le sacré collége? » Qui es-tu pour attaquer tes dieux et donner des leçons de sagesse à leurs ministres? Es-tu plus éclairé que ces oracles que l'univers entier vient interroger? Quelle que soit ta réponse, j'admirerai ton orgueil ou ta témérité... Les chrétiens ne sentiront-ils jamais toute leur force et n'abandonneront-ils point ces malheureux sophismes à ceux dont ils sont l'unique ressource? *Omittamus ista communia quæ ex utraque parte dici possunt, quanquam vere ex utraque parte dici non possint.* (S. Aug.) L'exemple, les prodiges et l'autorité peuvent faire des dupes ou des hypocrites, la raison seule fait des croyants.

LVII

On convient qu'il est de la dernière importance de n'employer à la défense d'un culte que des raisons solides; cependant on persécuterait volontiers ceux qui travaillent à décrier les mauvaises. Quoi donc! n'est-ce pas assez que l'on soit chrétien? faut-il encore l'être par de mauvaises raisons? Dévots, je vous en avertis, je ne suis pas chrétien parce que saint Augustin l'était, mais je le suis parce qu'il est raisonnable de l'être.

LVIII

Je connais les dévots, ils sont prompts à prendre l'alarme. S'ils jugent une fois que cet écrit contient quelque chose de contraire à leurs idées, je m'attends à toutes les calomnies qu'ils ont répandues sur le compte de mille gens qui valaient mieux que moi. Si je ne suis qu'un déiste et qu'un scélérat, j'en serai quitte à bon marché. Il y a longtemps qu'ils ont damné Descartes. Montaigne, Locke et Bayle, et j'espère qu'ils en damneront bien d'autres. Je leur déclare cependant que je ne me pique d'être ni plus honnête homme ni meilleur chrétien que la plupart de ces philosophes. Je suis né dans l'Eglise catholique, apostolique et romaine, et je me soumets de toute ma force à ses décisions. Je veux mourir dans la religion de mes pères, et je la crois bonne autant qu'il est possible à quiconque n'a jamais eu aucun commerce immédiat avec la Divinité, et qui n'a jamais été témoin d'aucun miracle : voilà ma profession de foi; je suis presque sûr qu'ils en seront mécontents, bien qu'il n'y en ait peut-être pas un entre eux qui soit en état d'en faire une meilleure.

LIX

J'ai lu quelquefois Abadie, Huet et les autres. Je connais suffisamment les preuves de ma religion, et je conviens qu'elles sont grandes; mais le seraient-elles cent fois davantage, le christianisme ne me serait point encore démontré. Pourquoi donc exiger de moi que je croie qu'il y a trois personnes en Dieu aussi fermement que je crois que les trois angles d'un triangle sont égaux à deux droits? Toute preuve doit produire en moi une certitude proportionnée à son degré de force, et l'action des démonstrations géométriques, morales et physiques sur mon esprit doit être différente, ou cette distinction est frivole.

LX

Vous présentez à un incrédule un volume d'écrits dont vous prétendez lui démontrer la divinité. Mais avant que d'entrer dans l'exa-

men de vos preuves, il ne manquera pas de
vous questionner sur cette collection.

— A-t-elle toujours été la même? vous de-
mandera-t-il; pourquoi est-elle à présent
moins ample qu'elle ne l'était il y a quelques
siècles? De quel droit en a-t-on banni tel et
tel ouvrage qu'une autre secte révère, et conservé tel et tel autre qu'elle a rejeté? Sur quel
fondement avez-vous donné la préférence à
ce manuscrit? Qui vous a dirigé dans le choix
que vous avez fait entre tant de copies différentes, qui sont des preuves évidentes que
ces sacrés auteurs ne vous ont pas été trans-
mis dans leur pureté originale et première?
Mais si l'ignorance des copistes ou la malice
des hérétiques les a corrompus, comme il
faut que vous en conveniez, vous voilà forcés
de les restituer dans leur état naturel, avant
que d'en prouver la divinité; car ce n'est pas
sur un recueil d'écrits mutilés que tomberont
vos preuves et que j'établirai ma croyance;
or, qui chargerez-vous de cette réforme? L'E-
glise. Mais je ne peux convenir de l'infailli-
bilité de l'Eglise que la divinité des Ecritures
ne me soit prouvée; me voilà donc dans un
scepticisme nécessité.

On ne répond à cette difficulté qu'en avouant
que les premiers fondements de la foi sont
purement humains; que le choix entre les
manuscrits, que la restitution des passages,
enfin que la collection s'est faite par des règles de critique, et je ne refuse point d'ajouter à la divinité des livres sacrés un degré
de foi proportionné à la certitude de ces règles.

LXI

C'est en cherchant des preuves que j'ai
trouvé des difficultés. Les livres qui contien-

nent les motifs de ma croyance m'offrent en
même temps les raisons de l'incrédulité; ce
sont des arsenaux communs. Là, j'ai vu le
déiste s'armer contre l'athée; le déiste et l'a-
thée lutter contre le juif; l'athée, le déiste et
le juif se liguer contre le chrétien; le chrétien, le juif, le déiste et l'athée se mettre aux
prises avec le musulman; l'athée, le déiste,
le juif, le musulman et la multitude des sectes du christianisme fondre sur le chrétien,
et le sceptique seul contre tous. J'étais juge
des coups; je tenais la balance entre les com-
battants; ses bras s'élevaient ou s'abaissaient
en raison des poids dont ils étaient chargés.
Après de longues oscillations, elle pencha du
côté du chrétien, mais avec le seul excès de
sa pesanteur sur la résistance du côté opposé.
Je me suis témoin à moi-même de mon équité;
il n'a pas tenu à moi que cet excès ne m'ait
paru fort grand; j'atteste Dieu de ma sincérité.

LXII

Cette diversité d'opinions a fait imaginer
aux déistes un raisonnement plus singulier
peut-être que solide. Cicéron, ayant à prouver que les Romains étaient les peuples les
plus belliqueux de la terre, tire adroitement
cet aveu de la bouche de leurs rivaux. Gau-
lois, à qui le cédez-vous en courage, si vous
le cédez à quelqu'un? Aux Romains. Parthes,
après vous, quels sont les hommes les plus
courageux? Les Romains. Africains, qui re-
douteriez-vous, si vous aviez à redouter quelqu'un? Les Romains. Interrogeons, à son
exemple, le reste des religionnaires, vous disent les déistes. Chinois, quelle religion serait la meilleure, si ce n'était la vôtre? La
religion naturelle. Musulmans, quel culte
embrasseriez-vous, si vous abjuriez Maho-

met? Le naturalisme. Chrétiens, quelle est la vraie religion, si ce n'est la chrétienne? La religion des juifs. Mais vous, juifs, quelle est la vraie religion, si le judaïsme est faux? Le naturalisme. Or ceux, continue Cicéron, à qui l'on accorde la seconde place d'un consentement unanime, et qui ne cèdent la première à personne, méritent incontestablement celle-ci.

ADDITION [1]

AUX

PENSÉES PHILOSOPHIQUES

Il m'est tombé entre les mains un petit ouvrage fort rare, intitulé : *Objections diverses contre les écrits de différents théologiens*. Elagué et écrit avec un peu plus de chaleur, ce serait une assez bonne suite aux *Pensées philosophiques*. Voici quelques-unes des meilleures idées de l'auteur anonyme de l'ouvrage dont il s'agit :

I

Les doutes, en matière de religion, loin d'être des actes d'impiété, doivent être regardés comme de bonnes œuvres, lorsqu'ils sont d'un homme qui reconnaît humblement son ignorance, et qu'ils naissent de la crainte de déplaire à Dieu par l'abus de la raison.

[1] Voyez, sur cette addition, l'article *Diderot (Philosophie de)*, dans le *Dictionnaire de la philosophie ancienne et moderne*, qui fait partie de l'*Encyclopédie méthodique*.

II

Admettre quelque conformité entre la raison de l'homme et la raison éternelle, qui est Dieu, et prétendre que Dieu exige le sacrifice de la raison humaine, c'est établir qu'il veut et ne veut pas tout à la fois.

III

Lorsque Dieu, dont nous tenons la raison, en exige le sacrifice, c'est un faiseur de tours de gibecière qui escamote ce qu'il a donné.

IV

Si je renonce à ma raison, je n'ai plus de guide. Il faut que j'adopte en aveugle un principe secondaire, et que je suppose ce qui est en question.

V

Si la raison est un don du ciel, et qu'on en puisse dire autant de la foi, le ciel nous a fait deux présents incompatibles et contradictoires.

VI

Pour lever cette difficulté, il faut dire que la foi est un principe chimérique et qui n'existe pas dans la nature.

VII

Pascal, Nicole et autres ont dit : « Qu'un Dieu punisse de peines éternelles la faute d'un père coupable sur tous ses enfants innocents, c'est une proposition supérieure et non contraire à la raison. » Mais qu'est-ce donc qu'une proposition contraire à la raison, si celle qui énonce évidemment un blasphème ne l'est pas ?

VIII

Égaré dans une forêt immense pendant la nuit, je n'ai qu'une petite lumière pour me conduire. Survient un inconnu qui me dit : «Mon ami, souffle ta bougie pour mieux trouver ton chemin. » Cet inconnu est un théologien.

IX

Si ma raison vient d'en haut, c'est la voix du ciel qui me parle par elle; il faut que je l'écoute.

X

Le mérite et le démérite ne peuvent s'appliquer à l'usage de la raison, parce que toute la bonne volonté du monde ne peut servir à un aveugle pour discerner les couleurs. Je suis forcé d'apercevoir l'évidence où elle est, et le défaut d'évidence où l'évidence n'est pas, à moins que je ne sois un imbécile; or, l'imbécillité est un malheur et non pas un vice.

XI

L'auteur de la nature, qui ne me récompensera pas pour avoir été un homme d'esprit, a dit M. Diderot, ne me damnera pas pour avoir été un sot.

XII

Et il ne te damnera pas même pour avoir été un méchant. Quoi donc! n'as-tu pas déjà été assez malheureux d'avoir été méchant?

XIII

Toute action vertueuse est accompagnée de satisfaction intérieure, toute action criminelle, de remords; or, l'esprit avoue sans honte et sans remords sa répugnance pour telles et telles propositions; il n'y a donc ni vertu ni crime, soit à les croire, soit à les rejeter.

XIV

S'il faut encore une grâce pour bien faire, à quoi a servi la mort de Jésus-Christ?

XV

S'il y a cent mille damnés pour un sauvé, le diable a toujours l'avantage sans avoir abandonné son fils à la mort.

XVI

Le Dieu des chrétiens est un père qui fait grand cas de ses pommes et fort peu de ses enfants.

XVII

Otez la crainte de l'enfer à un chrétien, et vous lui ôterez sa croyance.

XVIII

Une religion vraie intéressant tous les hommes, dans tous les temps et dans tous les lieux, a dû être éternelle, universelle et évidente; aucune n'a ces trois caractères. Toutes sont donc trois fois démontrées fausses.

XIX

Les faits dont quelques hommes seulement peuvent être témoins sont insuffisants pour démontrer une religion qui doit être également crue par tout le monde.

XX

Les faits dont on appuie les religions sont anciens et merveilleux, c'est-à-dire les plus suspects qu'il est possible, pour prouver la chose la plus incroyable.

XXI

Prouver l'Évangile par un miracle, c'est prouver une absurdité par une chose contre nature.

XXII

Mais que Dieu fera-t-il à ceux qui n'ont pas entendu parler de son fils? Punira-t-il des sourds de n'avoir pas entendu?

XXIII

Que fera-t-il à ceux qui, ayant entendu parler de sa religion, n'ont pu la concevoir? Punira-t-il des pygmées de n'avoir pas su marcher à pas de géant?

XXIV

Pourquoi les miracles de Jésus-Christ sont-ils vrais, et ceux d'Esculape, d'Apollonius de Thiane et de Mahomet sont-ils faux?

XXV

Mais, tous les Juifs qui étaient à Jérusalem ont apparemment été convertis à la vue des miracles de Jésus-Christ? Aucunement. Loin de croire en lui, ils l'ont crucifié. Il faut convenir que ces Juifs sont des hommes comme il n'y en a point : partout, on a vu les peuples entraînés par un seul faux miracle, et Jésus-Christ n'a pu rien faire du peuple juif avec une infinité de miracles vrais.

XXVI

C'est ce miracle-là d'incrédulité des Juifs qu'il faut faire valoir, et non celui de sa résurrection.

XXVII

Il est aussi sûr que deux et deux font quatre que César a existé; il est aussi sûr que Jésus-Christ a existé que César. Donc, il est aussi sûr que Jésus-Christ est ressuscité que lui ou César a existé. Quelle logique! L'existence de Jésus-Christ et de César n'est pas un miracle.

XXVIII

On lit dans la Vie de M. de Turenne que le feu ayant pris dans une maison, la présence du Saint-Sacrement arrêta soudain l'incendie. D'accord. Mais on lit aussi dans l'histoire qu'un moine ayant empoisonné une hostie consacrée, un empereur d'Allemagne ne l'eut pas plutôt avalée, qu'il en mourut.

XXIX

Il y avait là autre chose que les apparences du pain et du vin, ou il faut dire que le poison s'était incorporé au corps et au sang de Jésus-Christ.

XXX

Ce corps se moisit, ce sang s'aigrit. Ce Dieu est dévoré par les mites sur son autel. Peuple aveugle, Egyptien imbécile, ouvre donc les yeux !

XXXI

La religion de Jésus-Christ, annoncée par des ignorants, a fait les premiers chrétiens. La même religion, prêchée par des savants et des docteurs, ne fait aujourd'hui que des incrédules.

XXXII

On objecte que la soumission à une autorité législative dispense de raisonner. Mais où est la religion, sur la surface de la terre, sans une pareille autorité ?

XXXIII

C'est l'éducation de l'enfance qui empêche un mahométan de se faire baptiser; c'est !'éducation de l'enfance qui empêche un chrétien de se faire circoncire; c'est la raison de l'homme fait qui méprise également le baptême et la circoncision.

XXXIV

Il est dit dans saint Luc que Dieu le père est plus grand que Dieu le fils : *pater major me est*. Cependant, au mépris d'un passage aussi formel, l'Eglise prononce anathème au fidèle scrupuleux qui s'en tient littéralement aux mots du testament de son père.

XXXV

Si l'autorité a pu disposer à son gré du sens de ce passage, comme il n'y en a pas un dans toutes les Ecritures qui soit plus précis, il n'y en a pas un qu'on puisse se flatter de bien entendre, et dont l'Eglise ne fasse dans l'avenir tout ce qu'il lui plaira.

XXXVI

Tu es Petrus, et super hanc petram œdificabo ecclesiam meam. Est-ce là le langage d'un Dieu ou une bigarrure digne du seigneur des Accords?

XXXVII

In dolore paries (Genes.). « Tu engendreras dans la douleur, » dit Dieu à la femme prévaricatrice. Et que lui ont fait les femelles des animaux, qui engendrent aussi dans la douleur?

XXXVIII

S'il faut entendre à la lettre *pater major me est*, Jésus-Christ n'est pas Dieu. S'il faut entendre à la lettre *hoc est corpus meum*, il se donnait à ses apôtres de ses propres mains, ce qui est aussi absurde que de dire que saint Denis baisa sa tête après qu'on la lui eut coupée.

XXXIX

Il est dit qu'il se retira sur le mont des Oliviers, et qu'il pria. Et qui pria-t-il? Il se pria lui-même.

XL

Ce Dieu, qui fait mourir Dieu pour apaiser Dieu, est un mot excellent du baron de la Houtan. Il résulte moins d'évidence de cent volumes in-folio, écrits pour ou contre le christianisme, que du ridicule de ces deux lignes.

XLI

Dire que l'homme est un composé de force et de faiblesse, de lumière et d'aveuglement, de petitesse et de grandeur, ce n'est pas lui faire son procès, c'est le définir.

XLII

L'homme est comme Dieu ou la nature l'a fait, et Dieu ou la nature ne fait rien de mal.

XLIII

Ce que nous appelons le péché originel, Ninon de Lenclos l'appelait le péché *original*.

XLIV

C'est une impudence sans exemple que de citer la conformité des évangélistes, tandis qu'il y a dans les uns des faits très-importants dont il n'est pas dit un mot dans les autres.

XLV

Platon considérait la Divinité sous trois aspects : la bonté, la sagesse et la puissance. Il faut se fermer les yeux pour ne pas voir là la Trinité des chrétiens. Il y avait près de trois mille ans que le philosophe d'Athènes appelait *Logos* ce que nous appelons le Verbe.

XLVI

Les personnes divines sont, ou trois accidents ou trois substances. Point de milieu. Si ce sont trois accidents, nous sommes athées ou déistes. Si ce sont trois substances, nous sommes païens.

XLVII

Dieu le père juge les hommes dignes de sa vengeance éternelle ; Dieu le fils les juge dignes de sa misér. corde infinie; le Saint-Esprit reste neutre. Comment accorder ce verbiage catholique avec l'unité de la volonté divine?

XLVIII

Il y a longtemps qu'on a demandé aux théologiens d'accorder le dogme des peines éternelles avec la miséricorde infinie de Dieu, et ils en sont encore là.

XLIX

Et pourquoi punir un coupable quand il n'y a plus aucun bien à tirer de son châtiment?

L

Si l'on punit pour soi seul, on est bien cruel et bien méchant.

LI

Il n'y a point de bon père qui voulût ressembler à notre père céleste.

LII

Quelle proportion entre l'offenseur et l'offensé? Quelle proportion entre l'offense et le châtiment? Amas de bêtises et d'atrocités!

LIII

Et de quoi se courrouce-t-il si fort, ce Dieu? Et ne dirait-on pas que je puisse quelque chose pour ou contre sa gloire, pour ou contre son repos, pour ou contre son bonheur?

LIV

On veut que Dieu fasse brûler le méchant, qui ne peut rien contre lui, dans un feu qui durera sans fin, et on permettrait à peine à un père de donner une mort passagère à un fils qui compromettrait sa vie, son honneur et sa fortune!

LV

O chrétiens! vous avez donc deux idées différentes de la bonté et de la méchanceté, de la vérité et du mensonge. Vous êtes donc les plus absurdes des dogmatistes ou les plus outrés des pyrrhoniens.

LVI

Tout le mal dont on est capable n'est pas tout le mal possible; or, il n'y a que celui qui pourrait commettre tout le mal possible qui pourrait mériter aussi un châtiment éternel.

Pour faire de Dieu un être infiniment vindicatif, vous transformez un ver de terre en un
être infiniment puissant.

LVII

A entendre un théologien exagérer l'action
d'un homme que Dieu fit paillard, et qui a
couché avec sa voisine, que Dieu fit complaisante et jolie, ne dirait-on pas que le feu ait
été mis aux quatre coins de l'univers? Eh!
mon ami, écoute Marc-Aurèle, et tu verras
que tu courrouces ton Dieu par le frottement
illicite et voluptueux de deux intestins.

LVIII

Ce que ces atroces chrétiens ont traduit par
éternel ne signifie en hébreu que *durable*. C'est
de l'ignorance d'un hébraïsme et de l'humeur
féroce d'un interprète que vient le dogme de
l'éternité des peines.

LIX

Pascal a dit: « Si votre religion est fausse,
vous ne risquez rien à la croire vraie; si elle
est vraie, vous risquez tout à la croire fausse. »
Un iman en peut dire tout autant que Pascal.

LX

Que Jésus-Christ, qui est Dieu, ait été tenté
par le diable, c'est un conte digne des *Mille et
une nuits*.

LXI

Je voudrais bien qu'un chrétien, qu'un janséniste surtout, me fît sentir le *cui bono* de
l'incarnation. Encore ne faudrait-il pas enfler
à l'infini le nombre des damnés, si l'on veut
tirer quelque parti de ce dogme.

LXII

Une jeune fille vivait fort retirée; un jour,
elle reçut la visite d'un jeune homme qui portait un oiseau; elle devint grosse, et l'on de-

mande qui est-ce qui a fait l'enfant? Belle
demande! c'est l'oiseau.

LXIII

Mais pourquoi le cygne de Léda et les petites flammes de Castor et Pollux nous font-
ils rire, et que nous ne rions pas de la co-
lombe et des langues de feu de l'Evangile?

LXIV

Il y avait dans les premiers siècles soixante
évangiles presque également crus. On en a
rejeté cinquante-six pour raison de puérilités
et d'ineptie. Ne reste-t-il rien de cela dans
ceux qu'on a conservés?

LXV

Dieu donne une première loi aux hommes;
il abolit ensuite cette loi. Cette conduite n'est-
elle pas un peu d'un législateur qui s'est
trompé, et qui le reconnaît avec le temps. Est-
ce qu'il est d'un être parfait de se raviser?

LXVI

Il y a autant d'espèces de foi qu'il y a de
religions au monde.

LXVII

Tous les sectaires du monde ne sont que
des déistes hérétiques.

LXVII

Si l'homme est malheureux sans être né
coupable, ne serait-ce pas qu'il est destiné à
jouir d'un bonheur éternel sans pouvoir, par
sa nature, s'en rendre jamais digne?

LXIX

Voilà ce que je pense du dogme chrétien;
je ne dirai qu'un mot de sa morale : C'est que
pour un catholique père de famille convaincu
qu'il faut pratiquer à la lettre les maximes de
l'Évangile sous peine de ce qu'on appelle l'enfer, attendu l'extrême difficulté d'atteindre à

ce degré de perfection que la faiblesse humaine ne comporte point, je ne vois d'autre parti que de prendre son enfant par un pied et que de l'écacher contre la terre ou que de l'étouffer en naissant. Par cette action, il le sauve du péril de la damnation et lui assure une félicité éternelle; et je soutiens que cette action, loin d'être criminelle, doit passer pour infiniment louable, puisqu'elle est fondée sur le motif de l'amour paternel, qui exige que tout bon père fasse pour ses enfants tout le bien possible.

LXX

Le précepte de la religion et la loi de la société, qui défendent le meurtre des innocents, ne sont-ils pas en effet bien absurdes et bien cruels, lorsque, en les tuant, on leur assure un bonheur infini, et que, en les laissant vivre, on les dévoue presque sûrement à un malheur éternel?

LXI

Comment! monsieur de La Condamine, il sera permis d'inoculer son fils pour le garantir de la petite vérole, et il ne sera pas permis de le tuer pour le garantir de l'enfer? Vous vous moquez.

LXII

Satis triumphat veritas si apud paucos, eosque bonos accepta sit; nec ejus indoles placere multis.

ENTRETIEN
D'UN PHILOSOPHE

AVEC LA MARÉCHALE DE *** (1)

J'avais je ne sais quelle affaire à traiter avec
le maréchal de *** ; j'allai à son hôtel un matin ; il était absent : je me fis annoncer à madame la maréchale. C'est une femme char-
mante ; elle est belle et dévote comme un
ange ; elle a la douceur peinte sur son visage ;
et puis un son de voix et une naïveté de discours tout à fait avenante à sa physionomie.
Elle était à sa toilette. On m'approche un fau-
teuil ; je m'assieds, et nous causons. Sur quelques propos de ma part qui l'édifièrent et qui
la surprirent, car elle était dans l'opinion que
celui qui nie la très-sainte Trinité est un
homme de sac et de corde qui finira par être
pendu, elle me dit :

LA MARÉCHALE. — N'êtes-vous pas monsieur
Crudeli ?

(1) Ce dialogue, que Diderot avait d'abord publié en ita-
lien et en français sous le nom de Crudeli, et comme la
traduction d'un ouvrage posthume de ce poëte, n'est pas
sans profondeur, mais elle y est partout dérobée par la
naïveté et la simplicité du discours. Il serait à souhaiter
que les matières importantes se traitassent toujours avec
la même impartialité et dans le même esprit de tolérance.
Le philosophe ne prétend point amener la maréchale à ses
opinions ; celle-ci, de son côté, écoute ses raisons sans humeur, et ils se séparent l'un de l'autre en s'aimant et en
s'estimant. En lisant ce dialogue, on croit assister vérita-
blement à leur conversation, et ce mérite, peu commun
dans les ouvrages où l'on introduit un ou deux interlocu-
teurs, augmente encore le prix de celui-ci.

CRUDELI. — Oui, madame.

LA MARÉCHALE. — C'est donc vous qui ne croyez rien?

CRUDELI. — Moi-même.

LA MARÉCHALE. — Cependant votre morale est d'un croyant.

CRUDELI. — Pourquoi non, quand il est honnête homme?

LA MARÉCHALE. — Et cette morale-là, vous la pratiquez?

CRUDELI. — De mon mieux.

LA MARÉCHALE. — Quoi! vous ne volez point, vous ne tuez point, vous ne pillez point?

CRUDELI. — Très-rarement.

LA MARÉCHALE. — Que gagnez-vous donc à ne pas croire?

CRUDELI. — Rien du tout, madame la maréchale; est-ce qu'on croit parce qu'il y a quelque chose à gagner?

LA MARÉCHALE. — Je ne sais; mais la raison d'intérêt ne gâte rien aux affaires de ce monde ni de l'autre. J'en suis un peu fâchée pour notre pauvre espèce humaine: nous n'en valons pas mieux. Mais quoi! vous ne volez point?

CRUDELI. — Non, d'honneur.

LA MARÉCHALE. — Si vous n'êtes ni voleur ni assassin, convenez du moins que vous n'êtes pas conséquent.

CRUDELI. — Pourquoi donc?

LA MARÉCHALE. — C'est qu'il me semble que si je n'avais rien à espérer ni à craindre quand je n'y serai plus, il y a bien de petites douceurs dont je ne me priverais pas à présent que j'y suis. J'avoue que je prête à Dieu à la petite semaine.

CRUDELI. — Vous l'imaginez.

LA MARÉCHALE. — Ce n'est point une imagination, c'est un fait.

CRUDELI. — Et pourrait-on vous demander

quelles sont les choses que vous vous permettriez, si vous étiez incrédule?

LA MARÉCHALE. — Non pas, s'il vous. plaît; c'est un article de ma confession.

CRUDELI. — Pour moi, je mets à fonds perdu.

LA MARÉCHALE. — C'est la ressource des gueux.

CRUDELI. — M'aimeriez-vous mieux usurier?

LA MARÉCHALE. — Mais oui; on peut faire l'usure avec Dieu tant qu'on veut, on ne le ruine pas. Je sais bien que cela n'est pas délicat, mais qu'importe? Comme le point est d'attraper le ciel ou d'adresse ou de force, il faut tout porter en ligne de compte, ne négliger aucun profit. Hélas! nous aurons beau faire, notre mise sera toujours bien mesquine en comparaison de la rentrée que nous attendons. Et vous n'attendez rien, vous?

CRUDELI. — Rien.

LA MARÉCHALE. — Cela est triste. Convenez donc que vous êtes bien méchant ou bien fou?

CRUDELI. — En vérité, je ne saurais, madame la maréchale.

LA MARÉCHALE. — Quel motif peut avoir un incrédule d'être bon s'il n'est pas fou? Je voudrais bien le savoir.

CRUDELI. — Et je vais vous le dire.

LA MARÉCHALE. — Vous m'obligerez.

CRUDELI. — Ne pensez-vous pas qu'on peut être si heureusement né, qu'on trouve un grand plaisir à faire le bien?

LA MARÉCHALE. — Je le pense.

CRUDELI. — Qu'on peut avoir reçu une excellente éducation, qui fortifie le penchant naturel à la bienfaisance?

LA MARÉCHALE. — Assurément.

CRUDELI. — Et que, dans un âge plus avancé, l'expérience nous ait convaincus que, à tout prendre, il vaut mieux, pour son bonheur dans ce monde, être un honnête homme qu'un coquin?

LA MARÉCHALE. — Oui-dà; mais comment est-on honnête homme lorsque de mauvais principes se joignent aux passions pour entraîner au mal?

CRUDELI. — On est inconséquent; et y a-t-il rien de plus commun que d'être inconséquent?

LA MARÉCHALE. — Hélas! malheureusement non; on croit, et tous les jours on se conduit comme si l'on ne croyait pas.

CRUDELI. — Et sans croire, on se conduit à peu près comme si l'on croyait.

LA MARÉCHALE. — A la bonne heure; mais quel inconvénient y aurait-il à avoir une raison de plus, la religion, pour faire le bien, et une raison de moins, l'incrédulité, pour mal faire?

CRUDELI. — Aucun, si la religion était un motif de faire le bien, et l'incrédulité un motif de faire le mal.

LA MARÉCHALE. — Est-ce qu'il y a quelque doute là-dessus. Est-ce que l'esprit de la religion n'est pas de contrarier sans cesse cette vilaine nature corrompue, et celui de l'incrédulité de l'abandonner à sa malice, en l'affranchissant de la crainte?

CRUDELI. — Ceci, madame la maréchale, va nous jeter dans une longue discussion.

LA MARÉCHALE. — Qu'est-ce que cela fait? Le maréchal ne rentrera pas si tôt, et il vaut mieux que nous parlions raison que de médire de notre prochain.

CRUDELI. — Il faudra que je reprenne les choses d'un peu haut.

LA MARÉCHALE. — De si haut que vous voudrez, pourvu que je vous entende.

CRUDELI. — Si vous ne m'entendiez pas, ce serait bien ma faute.

LA MARÉCHALE. — Cela est poli; mais il faut que vous sachiez que je n'ai jamais lu que mes *Heures*, et que je ne me suis guère occupée qu'à pratiquer l'Evangile et à faire des enfants.

CRUDELI. — Ce sont deux devoirs dont vous vous êtes bien acquittée.

LA MARÉCHALE. — Oui, pour les enfants; vous en avez trouvé six autour de moi, et dans quelques jours vous en pourriez voir un de plus sur mes genoux; mais commencez.

CRUDELI. — Madame la maréchale, y a-t-il quelque bien dans ce monde-ci qui soit sans inconvénient?

LA MARÉCHALE. — Aucun.

CRUDELI. — Et quelque mal qui soit sans avantage?

LA MARÉCHALE. — Aucun.

CRUDELI. — Qu'appelez-vous donc mal ou bien?

LA MARÉCHALE. — Le mal, ce sera ce qui a plus d'inconvénients que d'avantages; et le bien, au contraire, ce qui a plus d'avantages que d'inconvénients.

CRUDELI. — Madame la maréchale aura-t-elle la bonté de se souvenir de sa définition du bien et du mal?

LA MARÉCHALE. — Je m'en souviendrai. Vous appelez cela une définition?

CRUDELI. — Oui.

LA MARÉCHALE. — C'est donc de la philosophie?

CRUDELI. — Excellente.

LA MARÉCHALE. — Et j'ai fait de la philosophie!

CRUDELI. — Ainsi vous êtes persuadée que la religion a plus d'avantages que d'inconvénients, et c'est pour cela que vous l'appelez un bien?

LA MARÉCHALE. — Oui.

CRUDELI. — Pour moi, je ne doute point que votre intendant ne vous vole un peu moins la veille de Pâques que le lendemain des fêtes: et que de temps en temps la religion n'empêche nombre de petits maux et ne produise nombre de petits biens.

LA MARÉCHALE. — Petit à petit, cela fait somme.

CRUDELI. — Mais croyez-vous que les terribles ravages qu'elle a causés dans les temps passés, et qu'elle causera dans les temps à venir, soient suffisamment compensés par ces guenilleux avantages-là? Songez qu'elle a créé et qu'elle perpétue la plus violente antipathie entre les nations. Il n'y a pas un musulman qui n'imaginât faire une action agréable à Dieu et au saint prophète en exterminant tous les chrétiens, qui, de leur côté, ne sont guère plus tolérants. Songez qu'elle a créé et qu'elle perpétue, dans une même contrée, des divisions qui se sont rarement éteintes sans effusion de sang. Notre histoire ne nous en offre que de trop récents et trop funestes exemples. Songez qu'elle a créé et qu'elle perpétue, dans la société entre les citoyens, et dans les familles entre les proches, les haines les plus fortes et les plus constantes. Le Christ a dit qu'il était venu pour séparer l'époux de la femme, la mère de ses enfants, le frère de la sœur, l'ami de l'ami; et sa prédiction ne s'est que trop fidèlement accomplie.

LA MARÉCHALE. — Voilà bien les abus, mais ce n'est pas la chose.

CRUDELI. — C'est là chose, si les abus en sont inséparables.

LA MARÉCHALE. — Et comment me montrerez-vous que les abus de la religion sont inséparables de la religion?

CRUDELI. — Très-aisément: dites-moi, si un misanthrope s'était proposé de faire le malheur du genre humain, qu'aurait-il pu inventer de mieux que la croyance en un être

incompréhensible, sur lequel les hom
n'auraient jamais pu s'entendre, et auquel
auraient attaché plus d'importance qu'à le
vie? Or, est-il possible de séparer de la notio
d'une divinité l'incompréhensibilité la pl
profonde et l'importance la plus grande?

LA MARÉCHALE. — Non.

CRUDELI. — Concluez donc.

LA MARÉCHALE. — Je conclus que c'est un
idée qui n'est pas sans conséquence dans
tête des fous.

CRUDELI. — Et ajoutez que les fous ont tou
jours été et seront toujours le plus gran
nombre, et que les plus dangereux sont ce
que la religion fait, et dont les perturbate
de la société savent tirer bon parti dans l'oc
casion.

LA MARÉCHALE. — Mais il faut quelque cho
qui effraye les hommes sur les mauvaises ac
tions qui échappent à la sévérité des lois; e
si vous détruisez la religion, que lui substi
tuerez-vous?

CRUDELI. — Quand je n'aurais rien à mett
à la place, ce serait toujours un terrible pré
jugé de moins; sans compter que, dans au
cun siècle et chez aucune nation, les opinio
religieuses n'ont servi de base aux mœurs na
tionales. Les dieux qu'adoraient ces vieu
Grecs et ces vieux Romains, les plus hon
nêtes gens de la terre, étaient la canaille la
plus dissolue: un Jupiter à brûler tout vif,
une Vénus à enfermer à l'hôpital, un Mercur
à mettre à Bicêtre.

LA MARÉCHALE. — Et vous pensez qu'il es
tout à fait indifférent que nous soyons chré
tiens ou païens; que païens nous n'en vau
drions pas moins, et que chrétiens nous n'en
valons pas mieux?

CRUDELI. — Ma foi, j'en suis convaincu, t

cela près que nous serions un peu plus gais.

LA MARÉCHALE. — Cela ne se peut.

CRUDELI. — Mais, madame la maréchale, est-ce qu'il y a des chrétiens? Je n'en ai jamais vu.

LA MARÉCHALE. — Et c'est à moi que vous dites cela, à moi?

CRUDELI. — Non, madame, ce n'est pas à vous; c'est à une de mes voisines qui est honnête et pieuse comme vous l'êtes, et qui se croyait chrétienne de la meilleure foi du monde; comme vous le croyez.

LA MARÉCHALE. — Et vous lui fîtes voir qu'elle avait tort?

CRUDELI. — En un instant.

LA MARÉCHALE. — Comment vous y prîtes-vous?

CRUDELI. — J'ouvris un Nouveau Testament dont elle s'était beaucoup servie, car il était fort usé. Je lui lus le sermon sur la montagne, et à chaque article je lui demandai : «Faites-vous cela? et cela donc? et cela encore? » J'allai plus loin. Elle est belle, et, quoiqu'elle soit très-dévote, elle ne l'ignore pas; elle a la peau très-blanche, et, quoiqu'elle n'attache pas un grand prix à ce frêle avantage, elle n'est pas fâchée qu'on en fasse l'éloge; elle a la gorge aussi bien qu'il soit possible de l'avoir, et, quoiqu'elle soit très-modeste, elle trouve bon qu'on s'en aperçoive.

LA MARÉCHALE. — Pourvu qu'il n'y ait qu'elle et son mari qui le sachent.

CRUDELI. — Je crois que son mari le sait mieux qu'un autre; mais, pour une femme qui se pique de grand christianisme, cela ne suffit pas. Je lui dis : « N'est-il pas écrit dans l'Evangile que celui qui a convoité la femme de son prochain a commis l'adultère dans son cœur? »

LA MARÉCHALE. — Elle vous répondit qu'oui?

CRUDELI. — Je lui dis : « Et l'adultère commis dans le cœur ne damne-t-il pas aussi sûrement qu'un adultère mieux conditionné ? »

LA MARÉCHALE. — Elle vous répondit qu'oui ?

CRUDELI. — Je lui dis : « Et si l'homme est damné pour l'adultère qu'il a commis dans le cœur, quel sera le sort de la femme qui invite tous ceux qui l'approchent à commettre ce crime ? » Cette dernière question l'embarrassa.

LA MARÉCHALE. — Je comprends : c'est qu'elle ne voilait pas fort exactement cette gorge qu'elle avait aussi bien qu'il est possible de l'avoir.

CRUDELI. — Il est vrai. Elle me répondit que c'était une chose d'usage, comme si rien n'était plus d'usage que de s'appeler chrétien et de ne pas l'être ; qu'il ne fallait pas se vêtir ridiculement, comme s'il y avait quelque comparaison à faire entre un misérable petit ridicule, sa damnation éternelle et celle de son prochain ; qu'elle se laissait habiller par sa couturière, comme s'il ne valait pas mieux changer sa couturière que de renoncer à sa religion ; que c'était la fantaisie de son mari, comme si un époux était assez insensé pour exiger de sa femme l'oubli de la décence et de ses devoirs, et qu'une véritable chrétienne dût pousser l'obéissance pour un époux extravagant jusqu'au sacrifice de la volonté de son Dieu et au mépris des menaces de son rédempteur !

LA MARÉCHALE. — Je savais d'avance toutes ces puérilités-là ; je vous les aurais peut-être dites comme votre voisine ; mais elle et moi nous aurions été toutes deux de mauvaise foi. Mais quel parti prit-elle, d'après votre remontrance ?

CRUDELI. — Le lendemain de cette conversation, c'était un jour de fête, je remontais chez moi, et ma dévote et belle voisine descendait de chez elle pour aller à la messe.

LA MARÉCHALE.—Vêtue comme de coutume ?

CRUDELI. — Vêtue comme de coutume. Je souris, elle sourit; et nous passâmes l'un à côté de l'autre sans nous parler. Madame la maréchale, une honnête femme! une chrétienne! une dévote! Après cet exemple, et cent mille autres de la même espèce, quelle influence réelle puis-je accorder à la religion sur les mœurs? Presque aucune, et tant mieux.

LA MARÉCHALE. — Comment, tant mieux?

CRUDELI. — Oui, madame; s'il prenait en fantaisie à vingt mille habitants de Paris de conformer strictement leur conduite au sermon sur la montagne...

LA MARÉCHALE. — Eh bien, il y aurait quelques belles gorges plus couvertes.

CRUDELI. — Et tant de fous, que le lieutenant de police ne saurait qu'en faire; car nos petites-maisons n'y suffiraient pas. Il y a dans les livres inspirés deux morales : l'une, générale et commune à toutes les nations, à tous les cultes, et qu'on suit à peu près; une autre, propre à chaque nation et à chaque culte, à laquelle on croit, qu'on prêche dans les temples, qu'on préconise dans les maisons, et qu'on ne suit point du tout.

LA MARÉCHALE. — Et d'où vient cette bizarrerie?

CRUDELI. — De ce qu'il est impossible d'assujettir un peuple à une règle qui ne convient qu'à quelques hommes mélancoliques, qui l'ont calquée sur leur caractère. Il en est des religions comme des institutions monastiques, qui toutes se relâchent avec le temps. Ce sont des folies qui ne peuvent tenir contre l'impulsion constante de la nature, qui nous ramène sous sa loi. Et faites que le bien des particuliers soit si étroitement lié avec le bien général, qu'un citoyen ne puisse presque pas nuire à la société sans se nuire à lui-même; assurez à la vertu sa récompense, comme vous avez assuré à la méchanceté son châtiment; que, sans aucune distinction de culte, dans quelque condition que le mérite se trouve, il conduise aux grandes places de l'Etat; et ne comptez plus sur d'autres méchants que sur un petit nombre d'hommes qu'une nature perverse, que rien ne peut corriger, entraîne au vice. Madame la maréchale, la tentation est trop proche, et l'enfer est trop loin; n'attendez rien qui vaille la peine qu'un sage législateur s'en occupe d'un système d'opinions bizarres qui n'en impose qu'aux enfants; qui encourage aux crimes par la commodité des expiations; qui envoie le coupable demander pardon à Dieu de l'injure faite à l'homme, et qui avilit l'ordre des devoirs naturels et moraux en le subordonnant à un ordre de devoirs chimériques.

LA MARÉCHALE. — Je ne vous comprends pas.

CRUDELI. — Je m'explique; mais il me semble que voilà le carrosse de M. le maréchal qui rentre fort à propos pour m'empêcher de dire une sottise.

LA MARÉCHALE. — Dites, dites votre sottise, je ne l'entendrai pas: je me suis accoutumée à n'entendre que ce qui me plaît.

Je m'approchai de son oreille, et je lui dis tout bas:

— Madame la maréchale, demandez au vicaire de votre paroisse, de ces deux crimes: pisser dans un vase sacré, ou noircir la réputation d'une femme honnête, quel est le plus atroce? Il frémira d'horreur au premier, criera au sacrilége; et la loi civile, qui prend à peine connaissance de la calomnie, tandis qu'elle punit le sacrilége par le feu, achèvera de brouiller les idées et de corrompre les esprits.

LA MARÉCHALE. — Je connais plus d'une femme qui se ferait un scrupule de manger gras le vendredi, et qui... J'allais dire aussi ma sottise. Continuez.

CRUDELI. — Mais, madame, il faut absolument que je parle à M. le maréchal.

LA MARÉCHALE. — Encore un moment, et puis nous l'irons voir ensemble. Je ne sais que vous répondre, et cependant vous ne me persuadez pas.

CRUDELI. — Je ne me suis pas proposé de vous persuader. Il en est de la religion comme du mariage. Le mariage, qui fait le malheur de tant d'autres, a fait votre bonheur et celui de M. le maréchal; vous avez bien fait de vous marier tous deux. La religion, qui a fait, qui fait et qui fera tant de méchants, vous a rendue meilleure encore; vous faites bien de la garder. Il vous est doux d'imaginer à côté de vous, au-dessus de votre tête, un être grand et puissant, qui vous voit marcher sur la terre, et cette idée affermit vos pas. Continuez, madame, à jouir de ce garant auguste de vos pensées, de ce spectateur, de ce modèle sublime de vos actions.

LA MARÉCHALE. — Vous n'avez pas, à ce que je vois, la manie du prosélytisme.

CRUDELI. — Aucunement.

LA MARÉCHALE. — Je vous en estime davantage.

CRUDELI. — Je permets à chacun de penser à sa manière, pourvu qu'on me laisse penser à la mienne; et puis, ceux qui sont faits pour se délivrer de ces préjugés n'ont guère besoin qu'on les catéchise.

LA MARÉCHALE. — Croyez-vous que l'homme puisse se passer de la superstition?

CRUDELI. — Non, tant qu'il restera ignorant et peureux.

LA MARÉCHALE. — Eh bien, superstition pour superstition, autant la nôtre qu'une autre.

CRUDELI. — Je ne le pense pas.

LA MARÉCHALE. — Parlez-moi vrai, ne vous répugne-t-il point de n'être plus rien après votre mort?

CRUDELI. — J'aimerais mieux exister, bien que je ne sache pas pourquoi un être, qui a pu me rendre malheureux sans raison, ne s'en amuserait pas deux fois.

LA MARÉCHALE. — Si, malgré cet inconvénient, l'espoir d'une vie à venir vous paraît consolant et doux, pourquoi nous l'arracher?

CRUDELI. — Je n'ai pas cet espoir, parce que le désir ne m'en a point donné la vanité; mais je ne l'ôte à personne. Si l'on peut croire que l'on verra quand on n'aura plus d'yeux, qu'on entendra quand on n'aura plus d'oreilles, qu'on pensera quand on n'aura plus de tête, qu'on aimera quand on n'aura plus de cœur, qu'on sentira quand on n'aura plus de sens, qu'on existera quand on ne sera nulle part, qu'on sera quelque chose sans étendue et sans lieu, j'y consens.

LA MARÉCHALE. — Mais ce monde-ci, qui est-ce qui l'a fait?

CRUDELI. — Je vous le demande.

LA MARÉCHALE. — C'est Dieu.

CRUDELI. — Et qu'est-ce que Dieu?

LA MARÉCHALE. — Un esprit.

CRUDELI. — Si un esprit fait de la matière, pourquoi de la matière ne ferait-elle pas un esprit?

LA MARÉCHALE. — Et pourquoi le ferait-elle?

CRUDELI. — C'est que je lui en vois faire tous les jours. Croyez-vous que les bêtes aient des âmes?

LA MARÉCHALE. — Certainement, je le crois.

CRUDELI. — Et pourriez-vous me dire ce que devient par exemple, l'âme du serpent du Pérou pendant qu'il se dessèche suspendu dans une cheminée et exposé à la fumée un ou deux ans de suite?

LA MARÉCHALE. — Qu'elle devienne ce qu'elle voudra, qu'est-ce que cela me fait?

CRUDELI. — C'est que madame la maréchale ne sait pas que ce serpent, enfumé, desséché, ressuscite et renaît.

LA MARÉCHALE. — Je n'en crois rien.

CRUDELI. — C'est pourtant un habile homme, c'est Bouguer qui l'assure.

LA MARÉCHALE. — Votre habile homme en a menti.

CRUDELI. — S'il avait dit vrai?

LA MARÉCHALE. — J'en serais quitte pour croire que les animaux sont des machines.

CRUDELI. — Et l'homme qui n'est qu'un animal un peu plus parfait qu'un autre... Mais M. le maréchal.

LA MARÉCHALE. — Encore une question, et c'est la dernière. Etes-vous bien tranquille dans votre incrédulité?

CRUDELI. — On ne saurait davantage.

LA MARÉCHALE. — Pourtant, si vous vous trompiez?

CRUDELI. — Quand je me tromperais?

LA MARÉCHALE. — Tout ce que vous croyez faux serait vrai, et vous seriez damné. Monsieur Crudeli, c'est une terrible chose que d'être damné; brûler toute une éternité, c'est bien long!

CRUDELI. — La Fontaine croyait que nous y serions comme le poisson dans l'eau.

LA MARÉCHALE. — Oui, oui; mais votre La Fontaine devint bien sérieux au dernier moment; et c'est où je vous attends.

CRUDELI. — Je ne réponds de rien quand ma tête ne sera plus; mais si je finis par une de ces maladies qui laissent à l'homme agonisant toute sa raison, je ne serai pas plus troublé au moment où vous m'attendez qu'au moment où vous me voyez.

LA MARÉCHALE. — Cette intrépidité me confond.

CRUDELI. — J'en trouve bien davantage au moribond qui croit en un juge sévère qui pèse jusqu'à nos plus secrètes pensées, et dans la balance duquel l'homme le plus juste se perdrait par sa vanité, s'il ne tremblait de se trouver trop léger; si ce moribond avait alors à son choix ou d'être anéanti, ou de se présenter à ce tribunal, son intrépidité me confondrait bien autrement s'il balançait à prendre le premier parti, à moins qu'il ne fût plus insensé que le compagnon de saint Bruno, ou plus ivre de son mérite que Bohola.

LA MARÉCHALE. — J'ai lu l'histoire de l'associé de saint Bruno; mais je n'ai jamais entendu parler de votre Bohola.

CRUDELI. — C'est un jésuite du collége de Pinsk, en Lithuanie, qui laissa en mourant une cassette pleine d'argent, avec un billet écrit et signé de sa main.

LA MARÉCHALE. — Et ce billet?

CRUDELI. — Etait conçu en ces termes : « Je prie mon cher confrère, dépositaire de cette cassette, de l'ouvrir lorsque j'aurai fait des miracles. L'argent qu'elle contient servira aux frais du procès de ma béatification. J'y ai ajouté quelques mémoires authentiques pour la confirmation de mes vertus, et qui pourront servir utilement à ceux qui entreprendront d'écrire ma vie. »

LA MARÉCHALE. — Cela est à mourir de rire.

CRUDELI. — Pour moi, madame la maréchale; mais pour vous, votre Dieu n'entend pas raillerie.

LA MARÉCHALE. — Vous avez raison.

CRUDELI. — Madame la maréchale, il est bien facile de pécher grièvement contre votre loi.

LA MARÉCHALE. — J'en conviens.

CRUDELI. — La justice qui décidera de votre sort est bien rigoureuse.

LA MARÉCHALE. — Il est vrai.

CRUDELI. — Et si vous en croyez les oracles de votre religion sur le nombre des élus, il est bien petit.

LA MARÉCHALE. — Oh! c'est que je ne suis pas janséniste; je ne vois la médaille que par son revers consolant : le sang de Jésus-Christ couvre un grand espace à mes yeux; et il me semblerait très-singulier que le diable, qui n'a pas livré son fils à la mort, eût pourtant la meilleure part.

CRUDELI. — Damnez-vous Socrate, Phocion, Aristide, Caton, Trajan, Marc-Aurèle?

LA MARÉCHALE. — Fi donc! il n'y a que des bêtes féroces qui puissent le penser. Saint Paul dit que chacun sera jugé par la loi qu'il a connue, et saint Paul a raison.

CRUDELI. — Et par quelle loi l'incrédule sera-t-il jugé?

LA MARÉCHALE. — Votre cas est un peu différent. Vous êtes un de ces habitants maudits de Corozaïn et de Betzaïda, qui fermèrent leurs yeux à la lumière qui les éclairait, et qui étoupèrent leurs oreilles pour ne pas entendre la voix de la vérité qui leur parlait.

CRUDELI. — Madame la maréchale, ces Corozaïnois et ces Betzaïdains furent des hommes comme il n'y en eut jamais que là, s'ils furent maîtres de croire ou de ne pas croire.

LA MARÉCHALE. — Ils virent des prodiges qui auraient mis l'enchère aux sacs et à la cendre, s'ils avaient été faits à Tyr et à Sidon.

CRUDELI. — C'est que les habitants de Tyr et de Sidon étaient des gens d'esprit, et que ceux de Corozaïn et de Betzaïda n'étaient que des sots. Mais est-ce que celui qui fit les sots les punira pour avoir été sots? Je vous ai fait tout à l'heure une histoire, et il me prend envie de vous faire un conte. Un jeune Mexicain... Mais M. le maréchal.

LA MARÉCHALE. — Je vais envoyer savoir s'il est visible. Eh bien, votre jeune Mexicain?

CRUDELI. — Las de son travail, se promenait un jour au bord de la mer. Il voit une planche qui trempait d'un bout dans les eaux, et qui de l'autre posait sur le rivage. Il s'assied sur cette planche; et là, prolongeant ses regards sur la vaste étendue qui se déployait devant lui, il se disait : «Rien n'est plus vrai que ma grand'mère radote avec son histoire de je ne sais quels habitants qui, dans je ne sais quel temps, abordèrent ici de je ne sais où, d'une contrée au delà de nos mers. Il n'y a pas le sens commun : ne vois-je pas la mer confiner avec le ciel? Et puis-je croire, contre le témoignage de mes sens, une vieille fable dont on ignore la date, que chacun arrange à sa manière, et qui n'est qu'un tissu de circonstances absurdes, sur lesquelles ils se mangent le cœur et s'arrachent le blanc des yeux?» Tandis qu'il raisonnait ainsi, les eaux agitées le berçaient sur sa planche, et il s'endormit. Pendant qu'il dort, le vent s'accroît, le flot soulève la planche sur laquelle il est étendu, et voilà notre jeune raisonneur embarqué.

LA MARÉCHALE. — Hélas! c'est bien là notre image : nous sommes chacun sur notre planche; le vent souffle, et le flot nous emporte.

CRUDELI. — Il était déjà loin du continent lorsqu'il s'éveilla. Qui fut bien surpris de se trouver en pleine mer? Ce fut notre Mexicain. Qui le fut bien davantage? Ce fut encore lui, lorsque, ayant perdu de vue le rivage sur lequel il se promenait il n'y a qu'un instant, la mer lui parut confiner avec le ciel de tous côtés. Alors il soupçonna qu'il pourrait bien s'être trompé, et que, si le vent restait au même point, peut-être serait-il porté sur la rive, et parmi ces habitants dont sa grand'mère l'avait si souvent entretenu.

LA MARÉCHALE. — Et de son souci, vous ne m'en dites mot.

CRUDELI. — Il n'en eut point. Il se dit : « Qu'est-ce que cela me fait, pourvu que j'aborde? J'ai raisonné comme un étourdi, soit; mais j'ai été sincère avec moi-même, et c'est tout ce qu'on peut exiger de moi. Si ce n'est pas une vertu que d'avoir de l'esprit, ce n'est pas un crime que d'en manquer. » Cependant le vent continuait, l'homme et la planche voguaient, et la rive inconnue commençait à paraître : il y touche, et l'y voilà.

LA MARÉCHALE. — Nous nous y reverrons un jour, monsieur Crudeli.

CRUDELI. — Je le souhaite, madame la maréchale; en quelque endroit que ce soit je serai toujours très-flatté de vous faire ma cour. A peine eut-il quitté sa planche et mis le pied sur le sable, qu'il aperçut un vieillard vénérable debout à ses côtés. Il lui demanda où il était et à qui il avait l'honneur de parler. « Je suis le souverain de la contrée, lui répondit le vieillard. Vous avez nié mon existence? — Il est vrai. — Et celle de mon empire? — Il est vrai. — Je vous le pardonne, parce que je suis Celui qui voit le fond des cœurs, et que j'ai lu au fond du vôtre que vous étiez de bonne foi; mais le fond de vos pensées et de vos actions n'est pas également innocent. » Alors le vieillard, qui le tenait par l'oreille, lui rappelait toutes les erreurs de sa vie, et à chaque article le jeune Mexicain s'inclinait, se frappait la poitrine et demandait pardon. Là, madame la maréchale, mettez-vous pour un moment à la place du vieillard, et dites-moi ce que vous auriez fait? Auriez-vous pris ce jeune insensé par les cheveux, et vous seriez-vous complu à le traîner à ̃ ̃ ̃ éternité sur le rivage?

LA MARÉCHALE. — En vérité, non.

CRUDELI. — Si un de ces jolis enfants que vous avez, après s'être échappé de la maison paternelle et avoir fait force sottises, y revenait bien repentant?

LA MARÉCHALE. — Moi, je courrais à sa rencontre, je le serrerais entre mes bras, et je l'arroserais de mes larmes; mais M. le maréchal, son père, ne prendrait pas la chose si doucement.

CRUDELI.—M. le maréchal n'est pas un tigre.

LA MARÉCHALE. — Il s'en faut bien.

CRUDELI. — Il se ferait peut-être un peu tirailler; mais il pardonnerait.

LA MARÉCHALE. — Certainement.

CRUDELI. — Surtout s'il venait à considérer que, avant de donner la naissance à cet enfant, il en savait toute la vie, et que le châtiment de ses fautes serait sans aucune utilité ni pour lui-même, ni pour le coupable, ni pour ses frères.

LA MARÉCHALE. — Le vieillard et M. le maréchal sont deux.

CRUDELI. — Vous voulez dire que M. le maréchal est meilleur que le vieillard?

LA MARÉCHALE. — Dieu m'en garde! Je veux dire que si ma justice n'est pas celle de M. le maréchal, la justice de M. le maréchal pourrait bien n'être pas celle du vieillard.

CRUDELI. — Ah! madame, vous ne sentez pas les suites de cette réponse. Ou la définition générale de la justice convient également à vous, à M. le maréchal, à moi, au jeune Mexicain et au vieillard, ou je ne sais plus ce que c'est, et j'ignore comment on plaît ou l'on dé-plaît à ce dernier.

Nous en étons là, lorsqu'on nous avertit que M. le maréchal nous attendait. Je donnai la main à madame la maréchale, qui me disait :

— C'est à faire tourner la tête, n'est-ce pas ?

CRUDELI. — Pourquoi donc, quand on l'a bonne ?

LA MARÉCHALE. — Après tout, le plus court est de se conduire comme si le vieillard existait.

CRUDELI. — Même quand on n'y croit pas.

LA MARÉCHALE. — Et quand on y croirait, de ne pas compter sur sa bonté.

CRUDELI. — Si ce n'est pas le plus poli, c'est du moins le plus sûr.

LA MARÉCHALE. — A propos, si vous aviez à rendre compte de vos principes à nos magistrats, les avoueriez-vous ?

CRUDELI. — Je ferais de mon mieux pour leur épargner une action atroce.

LA MARÉCHALE. — Ah ! le lâche ! Et si vous étiez sur le point de mourir, vous soumettriez-vous aux cérémonies de l'église ?

CRUDELI. — Je n'y manquerais pas.

LA MARÉCHALE. — Fi ! le vilain hypocrite.

SUPPLÉMENT

AU

VOYAGE DE BOUGAINVILLE

OU

DIALOGUE ENTRE A. ET B.

SUR LES INCONVÉNIENTS D'ATTACHER DES IDÉES MORALES A CERTAINES ACTIONS PHYSIQUES QUI N'EN COMPORTENT PAS.

> At quanto meliora monet, pugnantiaque istis
> Dives opis natura suæ, tu si modo recte
> Dispensare velis, ac non fugienda petendis
> Immiscere; tuo vitio, rerumne labores,
> Nil referre putas?
>
> HORAT., *Satyr.*, lib. I, satyr. 2, v. 73 et seq.

———o———

I

JUGEMENT DU VOYAGE DE BOUGAINVILLE.

A. — Cette superbe voûte étoilée, sous laquelle nous revînmes hier, et qui semblait nous garantir un beau jour, ne nous a pas tenu parole.

B. — Qu'en savez-vous?

A. — Le brouillard est si épais, qu'il nous dérobe la vue des arbres voisins.

B. — Il est vrai; mais si ce brouillard, qui ne reste dans la partie inférieure de l'atmosphère que parce qu'elle est suffisamment chargée d'humidité, retombe sur la terre?

A. — Mais si, au contraire, il traverse l'éponge, s'élève et gagne la région supérieure, où l'air est moins dense, et peut, comme disent les chimistes, n'être pas saturé?

B. — Il faut attendre.

A. — En attendant, que faites-vous?

B. — Je lis.

A. — Toujours le *Voyage de Bougainville?*

B. — Toujours.

A. — Je n'entends rien à cet homme-là. L'étude des mathématiques, qui suppose une vie sédentaire, a rempli le temps de ses jeunes années; et voilà qu'il passe subitement, d'une condition méditative et retirée, au métier actif, pénible, errant et dissipé de voyageur.

B. — Nullement. Si le vaisseau n'est qu'une maison flottante, et si vous considérez le navigateur, qui traverse des espaces immenses resserré et immobile dans une enceinte assez étroite, vous le verrez faisant le tour du globe sur une planche, comme vous et moi le tour de l'univers sur votre parquet.

A. — Une autre bizarrerie apparente, c'est la contradiction du caractère de l'homme et de son entreprise. Bougainville a le goût des amusements de la société; il aime les femmes, les spectacles, les repas délicats; il se prête au tourbillon du monde d'aussi bonne grâce qu'aux inconstances de l'élément sur lequel il a été ballotté. Il est aimable et gai; c'est un véritable Français lesté, d'un bord, d'un traité de calcul différentiel et intégral, et de l'autre, d'un voyage autour du globe.

B. — Il fait comme tout le monde : il se dissipe après s'être appliqué, et s'applique après s'être dissipé.

A. — Que pensez-vous de son *Voyage?*

B. — Autant que j'en puis juger sur une lecture assez superficielle, j'en rapporterais l'avantage à trois points principaux : une meilleure connaissance de notre vieux domicile et de ses habitants; plus de sûreté sur des mers qu'il a parcourues la sonde à la main, et plus de correction dans nos cartes géographiques.

Bougainville est parti avec les lumières nécessaires et les qualités propres à ces vues :
de la philosophie, du courage, de la véracité,
un coup d'œil prompt, qui saisit les choses et
abrége le temps des observations; de la cir-
conspection, de la patience, le désir de voir,
de s'éclairer et d'instruire; la science du calcul, des mécaniques, de la géométrie, de l'astronomie, et une teinture suffisante d'histoire
naturelle.

A. — Et son style?

B. — Sans apprêt, le ton de la chose, de la
simplicité et de la clarté, surtout quand on
possède la langue des marins.

A. — Sa course a été longue?

B. — Je l'ai tracée sur ce globe. Voyez-vous
cette ligne de points rouges?

A. — Qui part de Nantes?

B. — Et court jusqu'au détroit de Magellan,
entre dans la mer Pacifique, serpente entre
ces îles formant l'archipel immense qui s'é-
tend des Philippines à la Nouvelle-Hollande,
rase Madagascar, le cap de Bonne-Espérance,
se prolonge dans l'Atlantique, suit les côtes
d'Afrique et rejoint l'une de ses extrémités à
celle d'où le navigateur s'est embarqué.

A. — Il a beaucoup souffert?

B. — Tout navigateur s'expose et consent de
s'exposer aux périls de l'air, du feu, de la
terre et de l'eau; mais que, après avoir erré
des mois entiers entre la mer et le ciel, entre
la mort et la vie; après avoir été battu des
tempêtes, menacé de périr par naufrage, par
maladie, par disette d'eau et de pain, un infortuné vienne, son bâtiment fracassé, tomber, expirant de fatigue et de misère, aux
pieds d'un monstre d'airain qui lui refuse ou
lui fait attendre impitoyablement les secours
les plus urgents, c'est une dureté...

A. — Un crime digne de châtiment.

B. — Une de ces calamités sur laquelle le
voyageur n'a pas compté.

A. — Et n'a pas dû compter. Je croyais que
les puissances européennes n'envoyaient pour
commandants, dans leurs possessions d'outre-
mer, que des âmes honnêtes, des hommes
bienfaisants, des sujets remplis d'humanité
et capables de compatir...

B. — C'est bien là ce qui les soucie.

A. — Il y a des choses singulières dans ce
Voyage de Bougainville.

B. — Beaucoup.

A. — N'assure-t-il pas que les animaux sauvages s'approchent de l'homme, et que les
oiseaux viennent se poser sur lui lorsqu'ils
ignorent le danger de cette familiarité?

B. — D'autres l'avaient dit avant lui.

A. — Comment explique-t-il le séjour de certains animaux dans des îles séparées de tout
continent par des intervalles de mer effrayants?
Qu'est-ce qui a porté là le loup, le renard, le
chien, le cerf, le serpent?

B. — Il n'explique rien, il atteste le fait.

A. — Et vous, comment l'expliquez-vous?

B. — Qui sait l'histoire primitive de notre
globe? Combien d'espaces de terre, maintenant isolés, étaient autrefois continus? Le
seul phénomène sur lequel on pourrait former quelque conjecture, c'est la direction de
la masse des eaux qui les a séparés.

A. — Comment cela?

B. — Par la forme générale des arrache-
ments. Quelque jour, nous nous amuserons
de cette recherche, si cela vous convient. Pour
ce moment, voyez-vous cette île qu'on appelle
des Lanciers? A l'inspection du lieu qu'elle occupe sur le globe, il n'est personne qui ne se
demande qui est-ce qui a placé là des hommes? Quelle communication les liait autrefois
avec le reste de leur espèce? Que deviennent

ils en se multipliant sur un espace qui n'a pas plus d'une lieue de diamètre ?

A. — Ils s'exterminent et se mangent ; et de là peut-être une première époque, très-ancienne et très-naturelle, de l'anthropophagie, insulaire d'origine.

B. — Ou la multiplication y est limitée par quelque loi superstitieuse : l'enfant y est écrasé dans le sein de sa mère foulée sous les pieds d'une prêtresse.

A. — Ou l'homme égorgé expire sous le couteau d'un prêtre ; ou l'on a recours à la castration des mâles...

B. — A l'infibulation des femelles ; et de là tant d'usages d'une cruauté nécessaire et bizarre, dont la cause s'est perdue dans la nuit des temps, et met les philosophes à la torture. Une observation assez constante, c'est que les institutions surnaturelles et divines se fortifient et s'éternisent en se transformant, à la longue, en lois civiles et nationales, et que les institutions civiles et nationales se consacrent et dégénèrent en préceptes surnaturels et divins.

A. — C'est une des palingénésies les plus funestes.

B. — Un brin de plus qu'on ajoute au lien dont on nous serre.

A. — N'était-il pas au Paraguay au moment même de l'expulsion des jésuites ?

B. — Oui.

A. — Qu'en dit-il ?

B. — Moins qu'il n'en pourrait dire, mais assez pour nous apprendre que ces cruels Spartiates en jaquette noire en usaient avec leurs esclaves indiens comme les Lacédémoniens avec les Ilotes, les avaient condamnés à un travail assidu, s'abreuvaient de leur sueur, ne leur avaient laissé aucun droit de propriété, les tenaient sous l'abrutissement de la superstition, en exigeaient une vénération profonde, marchaient au milieu d'eux un fouet à la main, et en frappaient indistinctement tout âge et tout sexe. Un siècle de plus, et leur expulsion devenait impossible ou le motif d'une longue guerre entre ces moines et le souverain, dont ils avaient peu à peu secoué l'autorité.

A. — Et ces Patagons, dont le docteur Maty et l'académicien La Condamine ont fait tant de bruit?

B. — Ce sont de bonnes gens qui viennent à vous et qui vous embrassent en criant *Chaoua*; forts, vigoureux, toutefois n'excédant guère la hauteur de cinq pieds cinq à six pouces, n'ayant d'énorme que leur corpulence, la grosseur de leur tête et l'épaisseur de leurs membres. Né avec le goût du merveilleux, qui exagère tout autour de lui, comment l'homme laisserait-il une juste proportion aux objets, lorsqu'il a, pour ainsi dire, à justifier le chemin qu'il a fait et la peine qu'il s'est donnée pour les aller voir au loin?

A. — Et du sauvage, qu'en pense-t-il?

B. — C'est, à ce qu'il paraît, de la défense journalière contre les bêtes féroces qu'il tient le caractère cruel qu'on lui remarque quelquefois. Il est innocent et doux partout où rien ne trouble son repos et sa sécurité. Toute guerre naît d'une prétention commune à la même propriété. L'homme civilisé a une prétention commune avec l'homme civilisé à la possession d'un champ dont ils occupent les deux extrémités, et ce champ devient un sujet de dispute entre eux.

A. — Et le tigre a une prétention commune avec l'homme sauvage à la possession d'une forêt, et c'est la première des prétentions et la cause de la plus ancienne des guerres... Avez-vous vu l'Otaïtien que Bougainville avait pris sur son bord et transporté dans ce pays-ci?

B. — Je l'ai vu; il s'appelait Aotourou. A la première terre qu'il aperçut, il la prit pour la patrie des voyageurs; soit qu'on lui en eût imposé sur la longueur du voyage, soit que, trompé naturellement par le peu de distance apparente des bords de la mer qu'il habitait à l'endroit où le ciel semble confiner à l'horizon, il ignorât la véritable étendue de la terre. L'usage commun des femmes était si bien établi dans son esprit, qu'il se jeta sur la première Européenne qui vint à sa rencontre, et qu'il se disposait très-sérieusement à lui faire la politesse d'Otaïti. Il s'ennuyait parmi nous. L'alphabet otaïtien n'ayant ni *b*, ni *c*, ni *d*, ni *f*, ni *g*, ni *q*, ni *x*, ni *y*, ni *z*, il ne put jamais apprendre à parler notre langue, qui offrait à ses organes inflexibles trop d'articulations étrangères et de sons nouveaux. Il ne cessait de soupirer après son pays, et je n'en suis pas étonné. Le *Voyage de Bougainville* est le seul qui m'ait donné du goût pour une autre contrée que la mienne; jusqu'à cette lecture, j'avais pensé qu'on n'était nulle part aussi bien que chez soi; résultat que je croyais le même pour chaque habitant de la terre; effet naturel de l'attrait du sol; attrait qui tient aux commodités dont on jouit, et qu'on n'a pas la même certitude de retrouver ailleurs.

A. — Quoi! vous ne trouvez pas l'habitant de Paris aussi convaincu qu'il croisse des épis dans la campagne de Rome que dans les champs de la Beauce?

B. — Ma foi, non. Bougainville a renvoyé Aotourou, après avoir pourvu aux frais et à la sûreté de son retour.

A. — O Aotourou! que tu seras content de revoir ton père, ta mère, tes frères, tes sœurs, tes maîtresses, tes compatriotes! que leur diras-tu de nous?

B. — Peu de choses, et qu'ils ne croiront pas.

A. — Pourquoi peu de choses?

B. — Parce qu'il en a peu conçues, et qu'il ne trouvera dans sa langue aucun terme correspondant à celles dont il a quelques idées.

A. — Et pourquoi ne le croiront-ils pas?

B. — Parce que, en comparant leurs mœurs aux nôtres, ils aimeront mieux prendre Aotourou pour un menteur que de nous croire si fous.

A. — En vérité?

B. — Je n'en doute pas : la vie sauvage est si simple et nos sociétés sont des machines si compliquées! L'Otaïtien touche à l'origine du monde, et l'Européen touche à sa vieillesse. L'intervalle qui le sépare de nous est plus grand que la distance de l'enfant qui naît à l'homme décrépit. Il n'entend rien à nos usages, à nos lois, ou il n'y voit que des entraves déguisées sous cent formes diverses, entraves qui ne peuvent qu'exciter l'indignation et le mépris d'un être en qui le sentiment de la liberté est le plus profond des sentiments.

A. — Est-ce que vous donnez dans la fable d'Otaïti?

B. — Ce n'est point une fable; et vous n'auriez aucun doute sur la sincérité de Bougainville si vous connaissiez le *Supplément* de son *Voyage*

A. — Et où trouve-t-on ce *Supplément?*

B. — Là, sur cette table.

A. — Est-ce que vous ne me le confierez pas?

B. — Non; mais nous pourrons le parcourir ensemble, si vous voulez.

A. — Assurément, je le veux. Voilà le brouillard qui retombe et l'azur du ciel qui commence à paraître. Il semble que mon lot soit d'avoir tort avec vous jusque dans les moindres choses; il faut que je sois bien bon pour vous pardonner une supériorité aussi continue!

B. — Tenez, tenez, lisez; passez ce préambule, qui ne signifie rien, et allez droit aux adieux que fit un des chefs de l'île à nos voyageurs. Cela vous donnera quelque notion de l'éloquence de ces gens-là.

A. — Comment Bougainville a-t-il compris ces adieux prononcés dans une langue qu'il ignorait?

B. — Vous le saurez. C'est un vieillard qui parle.

II

LES ADIEUX DU VIEILLARD.

« Il était d'une famille nombreuse. A l'arrivée des Européens, il laissa tomber des regards de dédain sur eux, sans marquer ni étonnement, ni frayeur, ni curiosité. Ils l'abordèrent; il leur tourna le dos, se retira dans sa cabane. Son silence et son souci ne décelaient que trop sa pensée; il gémissait en lui-même sur les beaux jours de son pays éclipsés. Au départ de Bougainville, lorsque les habitants accouraient en foule sur le rivage, s'attachaient à ses vêtements, serraient ses camarades entre leurs bras et pleuraient, ce vieillard s'avança d'un air sévère et dit :

« — Pleurez, malheureux Otaïtiens! pleurez, mais que ce soit de l'arrivée et non du départ de ces hommes ambitieux et méchants : un jour vous les connaîtrez mieux; an jour ils reviendront, le morceau de bois que vous voyez attaché à la ceinture de celui-ci dans une main, et le fer qui pend au côté de celui-là dans l'autre, vous enchaîner, vous égorger

ou vous assujettir à leurs extravagances et
à leurs vices; un jour vous servirez sous eux,
aussi corrompus, aussi vils, aussi malheureux
qu'eux. Mais je me console : je touche à la fin
de ma carrière, et la calamité que je vous
annonce, je ne la verrai point. Ô Otaïtiens!
mes amis! vous auriez un moyen d'échapper
à un funeste avenir, mais j'aimerais mieux
mourir que de vous en donner le conseil.
Qu'ils s'éloignent et qu'ils vivent.

« Puis, s'adressant à Bougainville, il ajouta :

« — Et toi, chef des brigands qui t'obéis-
sent, écarte promptement ton vaisseau de
notre rive; nous sommes innocents, nous sommes heureux, et tu ne peux que nuire à notre
bonheur. Nous suivons le pur instinct de la
nature, et tu as tenté d'effacer de nos âmes
son caractère. Ici, tout est à tous, et tu nous
as prêché je ne sais quelle distinction du *tien*
et du *mien*. Nos filles et nos femmes nous sont
communes; tu as partagé ce privilége avec
nous, et tu es venu allumer en elles des fureurs inconnues. Elles sont devenues folles
dans tes bras, tu es devenu féroce dans les
leurs. Elles ont commencé à se haïr; vous
vous êtes égorgés pour elles, et elles nous
sont revenues teintes de votre sang. Nous
sommes libres, et voilà que tu as enfoui dans
notre terre le titre de notre futur esclavage.
Tu n'es ni un dieu ni un démon; qui es-tu
donc, pour faire des esclaves? Orou, toi qui
entends la langue de ces hommes-là, dis-nous
à tous, comme tu me l'as dit à moi, ce qu'ils
ont écrit sur cette lame de métal. « *Ce pays*
« *est à nous.* » Ce pays est à toi! et pourquoi?
parce que tu y as mis le pied? Si un Otaïtien
débarquait un jour sur vos côtes, et qu'il gra-
vât sur une de vos pierres ou sur l'écorce d'un
de vos arbres : « *Ce pays appartient aux habitants*
« *d'Otaïti,* » qu'en penserais-tu? Tu es le plus

fort! Et qu'est-ce que cela fait? Lorsqu'on t'a enlevé une des méprisables bagatelles dont ton bâtiment est rempli, tu t'es récrié, tu t'es vengé, et, dans le même instant, tu as projeté au fond de ton cœur le vol de toute une contrée! Tu n'es pas esclave; tu souffrirais la mort plutôt que de l'être, et tu veux nous asservir! Tu crois donc que l'Otaïtien ne sait pas défendre sa liberté et mourir? Celui dont tu veux t'emparer comme de la brute, l'Otaïtien, est ton frère. Vous êtes deux enfants de la nature : quel droit as-tu sur lui qu'il n'ait pas sur toi? Tu es venu, nous sommes-nous jetés sur ta personne? Avons-nous pillé ton vaisseau? T'avons-nous saisi et exposé aux flèches de nos ennemis? T'avons-nous associé, dans nos champs, au travail de nos animaux? Nous avons respecté notre image en toi. Laisse-nous nos mœurs, elles sont plus sages et plus honnêtes que les tiennes ; nous ne voulons point troquer ce que tu appelles notre ignorance contre tes inutiles lumières. Tout ce qui nous est nécessaire et bon, nous le possédons. Sommes-nous dignes de mépris, parce que nous n'avons pas su nous faire des besoins superflus? Lorsque nous avons faim, nous avons de quoi manger; lorsque nous avons froid, nous avons de quoi nous vêtir. Tu es entré dans nos cabanes, qu'y manque-t-il, à ton avis? Poursuis jusqu'où tu voudras ce que tu appelles les commodités de la vie, mais permets à des êtres sensés de s'arrêter lorsqu'ils n'auraient à obtenir de la continuité de leurs pénibles efforts que des biens imaginaires. Si tu nous persuades de franchir l'étroite limite du besoin, quand finirons-nous de travailler? Quand jouirons-nous? Nous avons rendu la somme de nos fatigues annuelles et journalières la moindre qu'il était possible, parce que rien ne nous paraît préférable au repos. Va dans ta contrée t'agiter, te tourmenter tant que tu voudras ; laisse-nous reposer, ne nous entête ni de tes besoins factices ni de tes vertus chimériques. Regarde ces hommes, vois comme ils sont droits, sains et robustes. Regarde ces femmes, vois comme elles sont droites, saines, fraîches et belles. Prends cet arc, c'est le mien ; appelle à ton aide un, deux, trois, quatre de tes camarades, et tâchez de le tendre. Je le tends moi seul. Je laboure la terre, je grimpe la montagne, je perce la forêt, je parcours une lieue de la plaine en moins d'une heure. Tes jeunes compagnons ont eu peine à me suivre, et j'ai quatre-vingt-dix ans passés. Malheur à cette île ! Malheur aux Otaïtiens présents et à tous les Otaïtiens à venir, du jour où tu nous as visités ! Nous ne connaissions qu'une maladie, celle à laquelle l'homme, l'animal et la plante ont été condamnés, la vieillesse, et tu nous en as apporté une autre : tu as infecté notre sang. Il nous faudra peut-être exterminer de nos propres mains nos filles, nos femmes, nos enfants, ceux qui ont approché tes femmes, celles qui ont approché tes hommes. Nos champs seront trempés du sang impur qui a passé de tes veines dans les nôtres, ou nos enfants, condamnés à nourrir et à perpétuer le mal que tu as donné aux pères et aux mères, et qu'ils transmettront à jamais à leurs descendants. Malheureux ! tu seras coupable, ou des ravages qui suivront les funestes caresses des tiens ou des meurtres que nous commettrons pour en arrêter le poison. Tu parles de crimes ! As-tu l'idée d'un plus grand crime que le tien ? Quel est chez toi le châtiment de celui qui tue son voisin ? La mort par le fer ; quel est chez toi le châtiment du lâche qui l'empoisonne ? La mort par le feu ; compare ton forfait à ce dernier, et dis-nous, empoisonneur de nations, le supplice que tu mérites? Il n'y a qu'un moment, la jeune Otaïtienne s'abandonnait aux transports, aux embrassements du jeune Otaïtien; attendait avec impatience que sa mère (autorisée par l'âge nubile) relevât son voile et mît sa gorge à nu. Elle était fière d'exciter les désirs et d'arrêter les regards amoureux de l'inconnu, de ses parents, de son frère; elle acceptait, sans frayeur et sans honte, en notre présence, au milieu d'un cercle d'innocents Otaïtiens, au son des flûtes, entre les danses, les caresses de celui que son jeune cœur et la voix secrète de ses sens lui désignaient. L'idée de crime et le péril de la maladie sont entrés avec toi parmi nous. Nos jouissances, autrefois si douces, sont accompagnées de remords et d'effroi. Cet homme noir, qui est près de toi, qui m'écoute, a parlé à nos garçons; je ne sais ce qu'il a dit à nos filles; mais nos garçons hésitent, mais nos filles rougissent. Enfonce-toi, si tu veux, dans la forêt obscure, avec la compagne perverse de tes plaisirs, mais accorde aux bons et simples Otaïtiens de se reproduire sans honte à la face du ciel et au grand jour. Quel sentiment plus honnête et plus grand pourrais-tu mettre à la place de celui que nous leur avons inspiré et qui les anime? Ils pensent que le moment d'enrichir la nation et la famille d'un nouveau citoyen est venu, et ils s'en glorifient. Ils mangent pour vivre et pour croître; ils croissent pour multiplier, et ils n'y trouvent ni vice ni honte. Écoute la suite de tes forfaits. A peine t'es-tu montré parmi eux, qu'ils sont devenus voleurs. A peine es-tu descendu dans notre terre, qu'elle a fumé de sang. Cet Otaïtien qui courut à ta rencontre, qui t'accueillit, qui te reçut en criant : « *Taïo! ami, ami,* » vous l'avez tué. Et pourquoi l'avez-vous tué?

Parce qu'il avait été séduit par l'éclat de tes petits œufs de serpents. Il te donnait ses fruits; il t'offrait sa femme et sa fille; il te cédait sa cabane, et tu l'as tué pour une poignée de ces grains, qu'il avait pris sans te les demander. Au bruit de ton arme meurtrière, il s'est enfui dans la montagne. Mais crois qu'il n'aurait pas tardé d'en descendre; crois qu'en un instant, sans moi, vous périssiez tous. Eh! pourquoi les ai-je apaisés? pourquoi les ai-je contenus? pourquoi les contiens-je encore dans ce moment? Je l'ignore, car tu ne mérites aucun sentiment de pitié, car tu as une âme féroce qui ne l'éprouva jamais. Tu t'es promené, toi et les tiens, dans notre île; tu as été respecté; tu as joui de tout; tu n'as trouvé sur ton chemin ni barrière ni refus : on t'invitait, tu t'asseyais, on étalait devant toi l'abondance du pays. As-tu voulu de jeunes filles? Excepté celles qui n'ont pas encore le privilége de montrer leur visage et leur gorge, les mères t'ont présenté les autres toutes nues : te voilà possesseur de la tendre victime du devoir hospitalier; on a jonché pour elle et pour toi la terre de feuilles et de fleurs; les musiciens ont accordé leurs instruments; rien n'a troublé la douceur ni gêné la liberté de tes caresses ni des siennes. On a chanté l'hymne, l'hymne qui t'exhortait à être homme, qui exhortait notre enfant à être femme, et femme complaisante et voluptueuse. On a dansé autour de votre couche; et c'est au sortir des bras de cette femme, après avoir éprouvé sur son sein la plus douce ivresse, que tu as tué son frère, son ami, son père peut-être. Tu as fait pis encore : regarde de ce côté, vois cette enceinte hérissée de flèches; ces armes, qui n'avaient menacé que nos ennemis, vois-les tournées contre nos propres enfants; vois les malheureuses compagnes de nos plaisirs; vois leur tristesse; vois la douleur de leurs pères; vois le désespoir de leurs mères : c'est là qu'elles sont condamnées à périr par nos mains ou par le mal que tu leur as donné. Eloigne-toi, à moins que tes yeux cruels ne se plaisent à des spectacles de mort; éloigne-toi; va, et puissent les mers coupables, qui t'ont épargné pendant ton voyage, s'absoudre et nous venger en t'engloutissant avant ton retour! Et vous, Otaïtiens, rentrez dans vos cabanes, rentrez tous, et que ces indignes étrangers n'entendent à leur départ que le flot qui mugit et ne voient que l'écume dont sa fureur blanchit une rive déserte!

« A peine eut-il achevé, que la foule des habitants disparut, un vaste silence régna dans toute l'étendue de l'île, et l'on n'entendit que le sifflement aigu des vents et le bruit sourd des eaux sur toute la longueur de la côte; on eût dit que l'air et la mer, sensibles à la voix du vieillard, se disposaient à lui obéir. »

B. — Eh bien, qu'en pensez-vous?

A. — Ce discours me paraît véhément; mais à travers je ne sais quoi d'abrupte et de sauvage, il me semble y retrouver des idées et des tournures européennes.

B. — Pensez donc que c'est une traduction de l'otaïtien en espagnol, et de l'espagnol en français. Le vieillard s'était rendu la nuit, chez cet Orou qu'il a interpelé, et dans la case duquel l'usage de la langue espagnole s'était conservé de temps immémorial. Orou avait écrit en espagnol la harangue du vieillard, et Bougainville en avait une copie à la main tandis que l'Otaïtien la prononçait.

A. — Je ne vois que trop à présent pourquoi Bougainville a supprimé ce fragment; mais ce n'est pas là tout, et ma curiosité pour le reste n'est pas légère.

B. — Ce qui suit peut-être vous intéressera moins.

A. — N'importe.

B. — C'est un entretien de l'aumônier de l'équipage avec un habitant de l'île.

A. — Orou?

B. — Lui-même. Lorsque le vaisseau de Bougainville approcha d'Otaïti, un nombre infini d'arbres creusés furent lancés sur les eaux; en un instant son bâtiment en fut environné; de quelque côté qu'il tournât ses regards, il voyait des démonstrations de surprise et de bienveillance. On lui jetait des provisions, on lui tendait les bras, on s'attachait à des cordes, on gravissait contre des planches, on avait rempli sa chaloupe, on criait vers le rivage, d'où les cris étaient répondus; les habitants de l'île accouraient; les voilà tous à terre; on s'empare des hommes et de l'équipage, on se les partage, chacun conduit le sien dans sa cabane; les hommes les tenaient embrassés par le milieu du corps, les femmes leur flattaient les joues de leurs mains. Placez-vous là; soyez témoin, par la pensée, de ce spectacle d'hospitalité, et dites-moi comment vous trouvez l'espèce humaine.

A. — Très-belle.

B. — Mais j'oublierais peut-être de vous parler d'un événement assez singulier! Cette scène de bienveillance et d'humanité fut troublée tout à coup par les cris d'un homme qui appelait à son secours; c'était le domestique d'un des officiers de Bougainville. De jeunes Otaïtiens s'étaient jetés sur lui, l'avaient étendu par terre, le déshabillaient et se disposaient à lui faire la civilité.

A. — Quoi ! ces peuples si simples, ces sauvages si bons, si honnêtes...?

B. — Vous vous trompez : ce domestique était une femme déguisée en homme. Ignorée de l'équipage entier pendant tout le temps d'une longue traversée, les Otaïtiens devinèrent son sexe au premier coup d'œil. Elle était née en Bourgogne, elle s'appelait Barré; ni laide ni belle, âgée de vingt-six ans. Elle n'était jamais sortie de son hameau, et sa première pensée de voyager fut de faire le tour du globe; elle montra toujours de la sagesse et du courage.

A. — Ces frêles machines-là renferment quelquefois des âmes bien fortes.

III

ENTRETIEN DE L'AUMÔNIER ET D'OROU.

B. — Dans la division que les Otaïtiens se firent de l'équipage de Bougainville, l'aumônier devint le partage d'Orou. L'aumônier et l'Otaïtien étaient à peu près du même âge, trente-cinq à trente-six ans. Orou n'avait alors que sa femme et trois filles, appelées Asto, Palli et Thia. Elles le déshabillèrent, lui lavèrent le visage, les mains et les pieds, et lui servirent un repas sain et frugal. Lorsqu'il fut sur le point de se coucher, Orou, qui s'était absenté avec sa famille, reparut, lui présenta sa femme et ses trois filles nues, et lui dit :

— Tu as soupé, tu es jeune, tu te portes bien; si tu dors seul tu dormiras mal : l'homme a besoin la nuit d'une compagne à son côté. Voilà ma femme, voilà mes filles, choisis celle qui te convient; mais, si tu veux m'obliger, tu donneras la préférence à la plus jeune de mes filles, qui n'a point encore eu d'enfants.

La mère ajouta :

— Hélas ! je n'ai point à m'en plaindre; la pauvre Thia ! ce n'est pas sa faute.

L'aumônier répondit que sa religion, son état, les bonnes mœurs et l'honnêteté ne lui permettaient pas d'accepter ses offres.

Orou répliqua :

— Je ne sais ce que c'est que la chose que tu appelles religion, mais je ne puis qu'en penser mal, puisqu'elle t'empêche de goûter un plaisir innocent, auquel nature, la souveraine maîtresse, nous invite tous; de donner l'existence à un de tes semblables; de rendre un service que le père, la mère et les enfants te demandent; de t'acquitter avec un hôte qui t'a fait un bon accueil, et d'enrichir une nation en l'accroissant d'un sujet de plus. Je ne sais ce que c'est que la chose que tu appelles état, mais ton premier devoir est d'être homme et reconnaissant. Je ne te propose point de porter dans ton pays les mœurs d'Orou; mais Orou, ton hôte et ton ami, te supplie de te prêter aux mœurs d'Otaïti. Les mœurs d'Otaïti sont-elles meilleures ou plus mauvaises que les vôtres? C'est une question facile à décider. La terre où tu es né a-t-elle plus d'hommes qu'elle n'en peut nourrir? En ce cas, les mœurs ne sont ni pires ni meilleures que les nôtres? En peut-elle nourrir plus qu'elle n'en a ? Nos mœurs sont meilleures que les tiennes. Quant à l'honnêteté que tu m'objectes, je te comprends; j'avoue que j'ai tort, et je t'en demande pardon. Je n'exige pas que tu nuises à ta santé ; si tu es fatigué, il faut que tu te reposes; mais j'espère que tu ne continueras pas à nous contrister. Vois le souci que tu as répandu sur tous ces visages : elles craignent que tu n'aies remarqué en elles quelques défauts qui leur attirent ton dédain. Mais quand cela serait, le plaisir d'honorer une de mes filles entre ses compagnes et ses sœurs et de faire une bonne action ne te suffirait-il pas? Sois généreux!

L'AUMÔNIER. — Ce n'est pas cela : elles sont toutes quatre également belles; mais ma religion! mais mon état!

OROU. — Elles m'appartiennent, et je te les offre; elles sont à elles, et elles se donnent à toi. Quelle que soit la pureté de conscience que la chose *religion* et la chose *état* te prescrivent, tu peux les accepter sans scrupule. Je n'abuse point de mon autorité, et sois sûr que je connais et que je respecte les droits des personnes.

Ici le véridique aumônier convient que jamais la Providence ne l'avait exposé à une aussi pressante tentation. Il était jeune, il s'agitait, il se tourmentait; il détournait ses regards des aimables suppliantes, il les ramenait sur elles; il levait ses mains et ses yeux au ciel. Thia, la plus jeune, embrassait ses genoux et lui disait :

— Etranger, n'afflige pas mon père, n'afflige pas ma mère, ne m'afflige pas! Honore-moi dans la cabane et parmi les miens; élève-moi au rang de mes sœurs qui se moquent de moi. Asto, l'aînée a déjà trois enfants; Palli, la seconde, en a deux, et Thia n'en a point. Etranger, honnête étranger, ne me rebute pas! rends-moi mère : fais-moi un enfant que je puisse un jour promener par la main, à côté de moi, dans Otaïti, qu'on voie dans neuf mois attaché à mon sein, dont je sois fière, et qui fasse une partie de ma dot, lorsque je passerai de la cabane de mon père dans une autre. Je serai peut-être plus chanceuse avec toi qu'avec nos jeunes Taïtiens.

Si tu m'accordes cette faveur, je ne t'oublierai plus, je te bénirai toute la vie, j'écrirai ton nom sur mon bras et sur celui de ton fils; nous le prononcerons sans cesse avec joie et, lorsque tu quitteras ce rivage, mes souhaits t'accompagneront sur les mers jusqu'à ce que tu sois arrivé dans ton pays.

Le naïf aumônier dit qu'elle lui serrait les mains, qu'elle attachait sur ses yeux des regards si expressifs et si touchants, qu'elle pleurait; que son père, sa mère et ses sœurs s'éloignèrent; qu'il resta seul avec elle, et que, en disant : « Mais ma religion, mais mon état, » il se trouva le lendemain couché à côté de cette jeune fille, qui l'accablait de caresses, et qui invitait son père, sa mère et ses sœurs, lorsqu'ils s'approchèrent de leur lit le matin, à joindre leur reconnaissance à la sienne.

Asto et Palli, qui s'étaient éloignées rentrèrent avec les mets du pays, des boissons et des fruits; elles embrassaient leur sœur et faisaient des vœux sur elle. Ils déjeunèrent tous ensemble; ensuite Orou, demeuré seul avec l'aumônier lui dit :

— Je vois que ma fille est contente de toi, et je te remercie. Mais pourrais-tu m'apprendre ce que c'est que le mot religion, que tu as répété tant de fois et avec tant de douleur ?

L'aumônier, après avoir rêvé un moment, répondit :

— Qu'est-ce qui a fait ta cabane et les ustensiles qui la meublent?

OROU. — C'est moi.

L'AUMÔNIER. — Eh bien, nous croyons que ce monde et ce qu'il renferme est l'ouvrage d'un ouvrier.

OROU. — Il a donc des pieds, des mains, une tête?

L'AUMÔNIER. — Non.

OROU. — Où fait-il sa demeure?

L'AUMÔNIER. — Partout.

OROU. — Ici même?

L'AUMÔNIER. — Ici.

OROU. — Nous ne l'avons jamais vu.

L'AUMÔNIER. — On ne le voit pas.

OROU. — Voilà un père bien indifférent! Il doit être vieux, car il a du moins l'âge de son ouvrage.

L'AUMÔNIER. — Il ne vieillit point. Il a parlé à nos ancêtres; il leur a donné des lois; il leur a prescrit la manière dont il voulait être honoré; il leur a ordonné certaines actions comme bonnes; il leur en a défendu d'autres comme mauvaises.

OROU. — J'entends; et une de ces actions qu'il leur a défendues comme mauvaises, c'est de coucher avec une femme et une fille? Pourquoi donc a-t-il fait deux sexes?

L'AUMÔNIER. — Pour s'unir, mais à certaines conditions requises, après certaines cérémonies préalables, en conséquence desquelles un homme appartient à une femme et n'appartient qu'à elle; une femme appartient à un homme et n'appartient qu'à lui?

OROU. — Pour toute leur vie?

L'AUMÔNIER. — Pour toute leur vie.

OROU. — En sorte que, s'il arrivait à une femme de coucher avec un autre que son mari; ou à un mari de coucher avec une autre que sa femme... mais cela n'arrive point; car, puisqu'il est là, et que cela lui déplaît, il sait les en empêcher.

L'AUMÔNIER. — Non, il les laisse faire, et ils pèchent contre la loi de Dieu (car c'est ainsi que nous appelons le grand ouvrier), contre la loi du pays, et ils commettent un crime.

OROU. — Je serais fâché de t'offenser par mes discours; mais, si tu le permettais, je te dirais mon avis.

L'AUMÔNIER. — Parle.

OROU. — Ces préceptes singuliers, je les trouve opposés à la nature et contraires à la raison; faits pour multiplier les crimes et fâcher à tout moment le vieil ouvrier qui a tout fait sans mains, sans tête, sans outils; qui est partout, et qu'on ne voit nulle part; qui dure aujourd'hui et demain, et qui n'a pas un jour de plus; qui commande et qui n'est pas obéi; qui peut empêcher et qui n'empêche pas; contraires à la nature, parce qu'ils supposent qu'un être pensant, sentant et libre, peut être la propriété d'un être semblable à lui : sur quoi ce droit serait-il fondé ? Ne vois-tu pas qu'on a confondu, dans ton pays, la chose qui n'a ni sensibilité, ni pensée, ni désir, ni volonté, qu'on quitte, qu'on prend, qu'on garde, qu'on échange, sans qu'elle souffre et sans qu'elle se plaigne, avec la chose qui ne s'échange point, ne s'acquiert point; qui a liberté, volonté, désir; qui peut se donner ou se refuser pour un moment, se donner ou se refuser pour toujours; qui se plaint et qui souffre, et qui ne saurait devenir un effet de commerce, sans qu'on oublie son caractère et qu'on fasse violence à la nature; contraires à la loi générale des êtres. Rien, en effet, te paraît-il plus insensé qu'un précepte qui proscrit le changement, qui est en nous; qui commande une constance qui n'y peut être, et qui viole la liberté du mâle et de la femelle en les enchaînant pour jamais l'un à l'autre; qu'une fidélité qui borne la plus capricieuse des jouissances à un même individu; qu'un serment d'immutabilité de deux êtres de chair à la face d'un ciel qui n'est pas un instant le même, sous des antres qui menacent ruine, au bas d'une roche qui tombe en poudre, au pied d'un arbre qui se gerce, sur une pierre qui s'ébranle ? Crois-moi, vous avez rendu la condition de l'homme pire que celle de l'animal. Je ne sais ce que c'est que ton grand ouvrier, mais je me réjouis qu'il n'ait point parlé à nos pères et je souhaite qu'il ne parle point à nos enfants, car il pourrait, par hasard, leur dire les mêmes sottises, et ils feraient peut-être celle de le croire. Hier, en soupant, tu nous as entretenus de magistrats et de prêtres ; je ne sais quels sont ces personnages que tu appelles magistrats et prêtres ; dont l'autorité règle votre conduite ; mais, dis-moi, sont-ils maîtres du bien et du mal ? Peuvent-ils faire que ce qui est juste soit injuste, et que ce qui est injuste soit juste ? Dépend-il d'eux d'attacher le bien à des actions nuisibles et le mal à des actions innocentes ou utiles ? Tu ne saurais le penser ; car, à ce compte, il n'y aurait ni vrai ni faux, ni bon ni mauvais, ni beau ni laid, du moins que ce qu'il plairait à ton grand ouvrier, à tes magistrats, à tes prêtres de prononcer tel ; et d'un moment à l'autre tu serais obligé de changer d'idées et de conduite. Un jour l'on te dirait de la part de l'un de tes trois maîtres : « Tue, » et tu serais obligé, en conscience, de tuer ; un autre jour : « Vole, » tu serais tenu de voler ; ou : « Ne mange pas de ce fruit, » et tu n'oserais en manger : « Je te défends ce légume ou cet animal, » et tu te garderais d'y toucher. Il n'y a point de bonté qu'on ne pût t'interdire, point de méchanceté qu'on ne pût t'ordonner. Et où en serais-tu réduit, si tes trois maîtres, peu d'accord entre eux, s'avisaient de te permettre, de t'enjoindre et de te défendre la même chose, comme je pense qu'il arrive souvent ? Alors pour plaire

au prêtre, il faudra que tu te brouilles avec
le magistrat; pour satisfaire le magistrat, il
faudra que tu mécontentes le grand ouvrier;
et pour te rendre agréable au grand ouvrier,
il faudra que tu renonces à la nature. Et
sais-tu ce qui arrivera? C'est que tu les mé-
priseras tous trois, et que tu ne seras ni
homme, ni citoyen, ni pieux; et que tu ne
seras rien, que tu seras mal avec toutes les
sortes d'autorités, mal avec toi-même, méchant, tourmenté par ton cœur, persécuté
par tes maîtres insensés, et malheureux
comme je te vis hier au soir, lorsque je te
présentai mes filles et ma femme, et que tu
t'écriais : « Mais ma religion! mais mon état! »
veux-tu savoir en tout temps et en tous lieux
ce qui est bon et mauvais? Attach. toi à la
nature des choses et des actions, à tes rapports avec ton semblable, à l'influence de ta
conduite sur ton utilité particulière et le bien
général. Tu es en délire, si tu crois qu'il y
ait rien, soit en haut, soit en bas, dans l'univers
qui puisse ajouter ou retrancher aux lois de
la nature. Sa volonté éternelle est que le bien
soit préféré au mal, et le bien général au
bien particulier. Tu ordonneras le contraire,
mais tu ne seras pas obéi. Tu multiplieras
les malfaiteurs et les malheureux par la
crainte, par les châtiments et par les remords;
tu dépraveras les consciences, tu corrompras
les esprits; ils ne sauront plus ce qu'ils ont
à faire ou à éviter. Troublés dans l'état d'in-
nocence, tranquilles dans le forfait, ils auront
perdu l'étoile polaire de leur chemin. Réponds-
moi sincèrement : en dépit des ordres exprès
de tes trois législateurs un jeune homme,
dans ton pays, ne couche-t-il jamais sans leur
permission avec une jeune fille ?

L'AUMÔNIER. Je mentirais si je te l'assu-
rais.

OROU. — La femme qui a juré de n'appartenir qu'à son mari ne se donne-t-elle point à un autre?

L'AUMÔNIER. — Rien de plus commun.

OROU. — Tes législateurs sévissent ou ne sévissent pas : s'ils sévissent, ce sont des bêtes féroces qui battent la nature; s'ils ne sévissent pas, ce sont des imbéciles qui ont exposé au mépris leur autorité par une défense inutile.

L'AUMÔNIER. — Les coupables qui échappent à la sévérité des lois sont châtiés par le blâme général.

OROU. — C'est-à-dire que la justice s'exerce par le défaut de sens commun de la nation, et que c'est la folie de l'opinion qui supplée aux lois.

L'AUMÔNIER. — La fille déshonorée ne trouve plus de mari.

OROU. — Déshonorée! et pourquoi?

L'AUMÔNIER. — La femme infidèle est plus ou moins méprisée.

OROU. — Méprisée! et pourquoi?

L'AUMÔNIER. — Le jeune homme s'appelle un lâche séducteur.

OROU. — Un lâche! un séducteur! et pourquoi?

L'AUMÔNIER. — Le père, la mère et l'enfant sont désolés. L'époux volage est un libertin; l'époux trahi partage la honte de sa femme.

OROU. — Quel monstrueux tissu d'extravagances tu m'exposes là! et encore tu ne dis pas tout; car, aussitôt qu'on s'est permis de disposer à son gré des idées de justice et de propriété, d'ôter ou de donner un caractère arbitraire aux choses, d'unir aux actions ou d'en séparer le bien et le mal, sans consulter que le caprice, on se blâme, on s'accuse, on se suspecte, on se tyrannise, on est envieux, on est jaloux, on se trompe, on s'afflige, on se cache, on dissimule, on s'épie, on se surprend, on se querelle, on ment; les filles en imposent à leurs parents, les maris à leurs femmes, les femmes à leurs maris; des filles, oui, je n'en doute pas, des filles étoufferont leurs enfants; des pères soupçonneux mépriseront et négligeront les leurs; des mères s'en sépareront et les abandonneront à la merci du sort, et le crime et la débauche se montreront sous toutes sortes de formes. Je sais tout cela comme si j'avais vécu parmi vous. Cela est parce que cela doit être; et ta société, dont votre chef vous vante le bel ordre, ne sera qu'un amas d'hypocrites qui foulent secrètement aux pieds les lois, ou d'infortunés qui sont eux-mêmes les instruments de leurs supplices, en s'y soumettant, ou d'imbéciles en qui le préjugé a tout à fait étouffé la voix de la nature, ou d'êtres mal organisés en qui la nature ne réclame pas ses droits.

L'AUMÔNIER. — Cela ressemble. Mais vous ne vous mariez donc point?

OROU. — Nous nous marions.

L'AUMÔNIER. — Qu'est-ce que votre mariage?

OROU. — Le consentement d'habiter une même cabane et de coucher dans le même lit tant que nous nous y trouvons bien.

L'AUMÔNIER. — Et lorsque vous vous y trouvez mal?

OROU. — Nous nous séparons.

L'AUMÔNIER. — Que deviennent les enfants?

OROU. — O étranger! ta dernière question achève de me déceler la profonde misère de ton pays. Sache, mon ami, qu'ici la naissance d'un enfant est toujours un bonheur et sa mort un sujet de regrets et de larmes. Un enfant est un bien précieux, parce qu'il doit devenir un homme; aussi en avons-nous un tout autre soin que de nos plantes et de nos animaux. Un enfant qui naît occasionne la joie domestique et publique; c'est un accroissement de fortune pour la cabane et de force pour la nation; ce sont des bras et des mains de plus dans Otaïti; nous voyons en lui un agriculteur, un pêcheur, un chasseur, un soldat, un époux, un père. En repassant de la cabane de son mari dans celle de ses parents, une femme emmène avec elle les enfants qu'elle avait apportés en dot; on partage ceux qui sont nés pendant la cohabitation commune, et l'on compense, autant qu'il est possible, les mâles par les femelles, en sorte qu'il reste à chacun à peu près un nombre égal de filles et de garçons.

L'AUMÔNIER. — Mais les enfants sont longtemps à charge avant que de rendre service.

OROU. — Nous destinons à leur entretien et à la subsistance des vieillards une sixième partie de tous les fruits du pays; ce tribut les suit partout. Ainsi tu vois que plus la famille de l'Otaïtien est nombreuse, plus il est riche.

L'AUMÔNIER. — Une sixième partie.

OROU. — Oui; c'est un moyen sûr d'encourager la population et d'intéresser au respect de la vieillesse et à la conservation des enfants.

L'AUMÔNIER. — Vos époux se reprennent-ils quelquefois?

OROU. — Très-souvent; cependant la durée la plus courte d'un mariage est d'une lune à l'autre.

L'AUMÔNIER. — A moins que la femme ne soit grosse; alors la cohabitation est au moins de neuf mois?

OROU. — Tu te trompes : la paternité, comme le tribut, suit l'enfant partout.

L'AUMÔNIER. — Tu m'as parlé d'enfants qu'une femme apporte en dot à son mari.

OROU. — Assurément. Voilà ma fille aînée qui a trois enfants; ils marchent, ils sont sains, ils sont beaux, ils promettent d'être forts ; lorsqu'il lui prendra fantaisie de se marier, elle les emmènera, ils sont les siens ; son mari les recevra avec joie, et sa femme ne lui en serait que plus agréable si elle était enceinte d'un quatrième.

L'AUMÔNIER. — De lui ?

OROU. — De lui ou d'un autre. Plus nos filles ont d'enfants, plus elles sont recherchées ; plus nos garçons sont vigoureux et forts, plus ils sont riches ; aussi, autant nous sommes attentifs à préserver les unes de l'approche de l'homme, les autres du commerce de la femme avant l'âge de la fécondité, autant nous les exhortons à produire lorsque les garçons sont pubères et les filles nubiles. Tu ne saurais croire l'importance du service que tu auras rendu à ma fille Thia si tu lui as fait un enfant. Sa mère ne lui dira plus à chaque lune : « Mais, Thia, à quoi penses-tu donc ? Tu ne deviens point grosse ; tu as dix-neuf ans ; tu devrais avoir déjà deux enfants, et tu n'en as point. Quel est celui qui se chargera de toi ? Si tu perds ainsi tes jeunes ans, que feras-tu dans ta vieillesse ? Thia, il faut que tu aies quelque défaut qui éloigne de toi les hommes. Corrige-toi, mon enfant ; à ton âge, j'avais été trois fois mère. »

L'AUMÔNIER. — Quelles précautions prenez-vous pour garder vos filles et vos garçons adolescents ?

OROU. — C'est l'objet principal de l'éducation domestique et le point le plus important des mœurs publiques. Nos garçons, jusqu'à l'âge de vingt-deux ans, deux ou trois ans au delà de la puberté, restent couverts d'une longue tunique et les reins ceints d'une petite chaîne. Avant que d'être nubiles, nos filles n'oseraient sortir sans un voile. Ôter sa chaîne lever son voile, sont des fautes qui se commettent rarement, parce que nous leur en apprenons de bonne heure les fâcheuses conséquences. Mais au moment où le mâle a pris toute sa force, où les symptômes virils ont de la continuité, et où l'effusion fréquente et la qualité de la liqueur séminale nous rassurent; au moment où la jeune fille se fane, s'ennuie, est d'une maturité propre à concevoir des désirs, à en inspirer et à les satisfaire avec utilité, le père détache la chaîne à son fils et lui coupe l'ongle du doigt du milieu de la main droite. La mère relève le voile de sa fille. L'un peut solliciter une femme et en être sollicité; l'autre se promener publiquement le visage découvert et la gorge nue, accepter ou refuser les caresses d'un homme. On indique seulement d'avance au garçon les filles, à la fille les garçons qu'ils doivent préférer. C'est une grande fête que le jour de l'émancipation d'une fille ou d'un garçon. Si c'est une fille, la veille, les jeunes garçons se rassemblent autour de la cabane, et l'air retentit pendant toute la nuit du chant des voix et du son des instruments. Le jour, elle est conduite par son père et par sa mère dans une enceinte où l'on danse et où l'on fait l'exercice du saut, de la lutte et de la course. On déploie l'homme nu devant elle sous toutes les faces et dans toutes les attitudes. Si c'est un garçon, ce sont les jeunes filles qui font, en sa présence, les frais et les honneurs de la fête, et exposent à ses regards la femme nue sans réserve et sans secret. Le reste de la cérémonie s'achève sur un lit de feuilles, comme tu l'as vu à ta descente parmi nous. A la chute du jour, la fille rentre dans la cabane de ses parents, ou passe dans la cabane de celui dont elle a fait choix, et y reste tant qu'elle s'y plaît.

L'AUMÔNIER. — Ainsi, cette fête est ou n'est point un jour de mariage?

OROU. — Tu l'as dit...

A. — Qu'est-ce que je vois là en marge?

B. — C'est une note où le bon aumônier dit que les préceptes des parents sur le choix des garçons et des filles étaient pleins de bon sens et d'observations très-fines et très-utiles, mais qu'il a supprimé ce catéchisme, qui aurait paru, à des gens aussi corrompus et aussi superficiels que nous, d'une licence impardonnable; ajoutant toutefois que ce n'était pas sans regret qu'il avait retranché des détails où l'on aurait vu, premièrement, jusqu'où une nation qui s'occupe sans cesse d'un objet important, peut être conduite dans ses recherches sans le secours de la physique et de l'anatomie; secondement, la différence de la beauté dans une contrée où l'on rapporte les formes au plaisir d'un moment, et chez un peuple où elles sont appréciées d'après une utilité plus constante. Là, pour être belle, on exige un teint éclatant, un grand front, de grands yeux, les traits fins et délicats, une taille légère, une petite bouche, de petites mains, un petit pied... Ici, presque aucun de ces éléments n'entre en calcul. La femme sur laquelle les regards s'attachent et que le désir poursuit est celle qui promet beaucoup d'enfants (la femme du cardinal d'Ossat), et qui les promet actifs, intelligents, courageux, sains et robustes. Il n'y a presque rien de commun entre la Vénus d'Athènes et celle d'Otaïti; l'une est Vénus galante, l'autre est Vénus féconde. Une Otaïtienne disait un jour avec mépris à une autre femme du pays : « Tu es belle, mais tu fais de laids enfants; je suis laide, mais je fais de beaux enfants, et c'est moi que les hommes préfèrent. »

Après cette note de l'aumônier, Orou continue :

OROU. — L'heureux moment pour une jeune fille et pour ses parents que celui où sa grossesse est constatée. Elle se lève ; elle accourt ; elle jette ses bras autour du cou de sa mère et de son père ; c'est avec des transports d'une joie mutuelle qu'elle leur annonce et qu'ils apprennent cet événement. « Maman ! mon papa ! embrassez-moi ; je suis grosse ! — Est-il bien vrai ? — Très-vrai. — Et de qui l'es-tu ? — Je le suis d'un tel... »

L'AUMÔNIER. — Comment peut-elle nommer le père de son enfant ?

OROU. — Pourquoi veux-tu qu'elle l'ignore ? Il en est de la durée de nos amours comme de celle de nos mariages, elle est au moins d'une lune à la lune suivante.

L'AUMÔNIER. — Et cette règle est bien scrupuleusement observée ?

OROU. — Tu vas en juger. — D'abord, l'intervalle de deux lunes n'est pas long ; mais, lorsque deux pères ont une prétention bien fondée à la formation d'un enfant, il n'appartient plus à sa mère.

L'AUMÔNIER. — A qui appartient-il donc ?

OROU. — A celui des deux à qui il lui plaît de le donner ; voilà tout son privilége ; et un enfant étant par lui-même un objet d'intérêt et de richesse, tu conçois que parmi nous, les libertines sont rares, et que les jeunes garçons s'en éloignent.

L'AUMÔNIER. — Vous avez donc aussi vos libertines ? J'en suis bien aise.

OROU. — Nous en avons même de plus d'une sorte ; mais tu m'écartes de mon sujet. Lorsqu'une de nos filles est grosse, si le père de l'enfant est un jeune homme beau, bien fait, brave, intelligent et laborieux, l'espérance que l'enfant héritera des vertus de son père renouvelle l'allégresse. Notre enfant n'a honte que d'un mauvais choix. Tu dois concevoir quel prix nous attachions à la santé, à la beauté, à la force, à l'industrie, au courage : tu dois concevoir comment, sans que nous nous en mêlions, les prérogatives du sang doivent s'éterniser parmi nous. Toi, qui as parcouru diverses contrées, dis-moi si tu as remarqué dans aucune autant de beaux hommes et autant de belles femmes que dans Otaïti? Regarde-moi : Comment me trouves-tu? Eh bien, il y a dix mille hommes ici plus grands, aussi robustes, mais pas un plus brave que moi; aussi les mères me désignent-elles souvent à leurs filles.

L'AUMÔNIER. — Mais de tous ces enfants que tu peux avoir faits hors de ta cabane, que t'en revient-il?

OROU. — Le quatrième mâle ou femelle. Il s'est établi parmi nous une circulation d'hommes, de femmes et d'enfants, ou de bras de tout âge et de toute fonction, qui est bien d'une autre importance que celle de vos denrées, qui n'en sont que le produit.

L'AUMÔNIER. — Je le conçois. Qu'est-ce que c'est que ces voiles noirs que j'ai rencontrés quelquefois?

OROU. — Le signe de la stérilité, vice de naissance ou suite de l'âge avancé. Celle qui quitte ce voile et se mêle avec des hommes est une libertine; celui qui relève ce voile et s'approche de la femme stérile est un libertin.

L'AUMÔNIER. — Et ces voiles gris?

OROU. — Le signe de la maladie périodique. Celle qui quitte ce voile et se mêle avec les hommes est une libertine; celui qui le relève et s'approche de la femme malade est un libertin.

L'AUMÔNIER. — Avez-vous des châtiments pour ce libertinage?

OROU. — Point d'autre que le blâme.

L'AUMÔNIER. — Un père peut-il coucher avec sa fille, une mère avec son fils, un frère avec sa sœur, un mari avec la femme d'un autre?

OROU. — Pourquoi non?

L'AUMÔNIER. — Passe pour la fornication; mais l'inceste! mais l'adultère!

OROU. — Qu'est-ce que tu veux dire avec tes mots *fornication, inceste, adultère?*

L'AUMÔNIER. — Des crimes, des crimes énormes, pour l'un desquels on brûle dans mon pays.

OROU. — Qu'on brûle ou qu'on ne brûle pas dans ton pays, peu m'importe. Mais tu n'accuseras pas les mœurs d'Europe par celles d'Otaïti, ni par conséquent les mœurs d'Otaïti par celles de ton pays : il nous faut une règle plus sûre, et quelle sera cette règle? En connais-tu une autre que le bien général et l'utilité particulière? A présent, dis-moi ce que ton crime *inceste* a de contraire à ces deux fins de nos actions? Tu te trompes, mon ami, si tu crois qu'une loi une fois publiée, un mot ignominieux inventé, un supplice décerné, tout est dit. Réponds-moi donc, qu'entends-tu par *inceste?*

L'AUMÔNIER. — Mais un *inceste*...

OROU. — Un *inceste?*... Y a-t-il longtemps que ton grand ouvrier sans tête, sans mains et sans outils a fait le monde?

L'AUMÔNIER. — Non.

OROU. — Fit-il toute l'espèce humaine à la fois?

L'AUMÔNIER. — Non. Il créa seulement une femme et un homme.

OROU. — Eurent-ils des enfants?

L'AUMÔNIER. — Assurément.

OROU. — Supposons que ces deux premiers

parents n'aient eu que des filles, et que leur mère soit morte la première, ou qu'ils n'aient eu que des garçons, et que la femme ait perdu son mari.

L'AUMÔNIER. — Tu m'embarrasses; mais tu as beau dire, l'*inceste* est un crime abominable, et parlons d'autre chose.

OROU. — Cela te plaît à dire; je me tais, moi, tant que tu ne m'auras pas dit ce que c'est que le crime abominable *inceste*.

L'AUMÔNIER. — Eh bien, je t'accorde que peut-être l'*inceste* ne blesse en rien la nature; mais ne suffit-il pas qu'il menace la constitution politique? Que deviendraient la sûreté d'un chef et la tranquillité d'un État si toute une nation, composée de plusieurs millions d'hommes, se trouvait rassemblée autour d'une cinquantaine de pères de famille?

OROU. — Le pis-aller, c'est qu'où il n'y a qu'une grande société il y en aurait cinquante petites, plus de bonheur et un crime de moins.

L'AUMÔNIER. — Je crois cependant que, même ici, un fils couche rarement avec sa mère.

OROU. — A moins qu'il n'ait beaucoup de respect pour elle, et une tendresse qui lui fasse oublier la disparité d'âge et préférer une femme de quarante ans à une fille de dix-neuf.

L'AUMÔNIER. — Et le commerce des pères avec leurs filles?

OROU. — Guère plus fréquent, à moins que la fille ne soit laide et peu recherchée. Si son père l'aime, il s'occupe à lui préparer sa dot en enfants.

L'AUMÔNIER. — Cela me fait imaginer que le sort des femmes que la nature a disgraciées ne doit pas être heureux dans Otaïti.

OROU. — Cela me prouve que tu n'as pas une haute idée de la générosité de nos jeunes gens.

L'AUMÔNIER. — Pour les unions de frères et de sœurs, je ne doute pas qu'elles ne soient très-communes.

OROU. — Et très-approuvées.

L'AUMÔNIER. — A t'entendre, cette passion, qui produit tant de crimes et de maux dans nos contrées, serait ici tout à fait innocente.

OROU. — Etranger! tu manques de jugement et de mémoire : de jugement, car, partout où il y a défense, il faut qu'on soit tenté de faire la chose défendue, et qu'on la fasse; de mémoire, puisque tu ne te souviens plus de ce que je t'ai dit. Nous avons de vieilles dissolues, qui sortent la nuit sans leur voile noir, et reçoivent des hommes lorsqu'il ne peut rien résulter de leur approche; si elles sont reconnues ou surprises, l'exil au nord de l'île ou l'esclavage est leur châtiment; des filles précoces, qui relèvent leur voile blanc à l'insu de leurs parents (et nous avons pour elles un lieu fermé dans la cabane); des jeunes gens qui déposent leur chaîne avant le temps prescrit par la nature et par la loi (et nous en réprimandons leurs parents); des femmes à qui le temps de la grossesse paraît long; des femmes et des filles peu scrupuleuses à garder leur voile gris; mais, dans le fait, nous n'attachons pas une grande importance à toutes ces fautes, et tu ne saurais croire combien l'idée de richesse particulière ou publique, unie dans nos têtes à l'idée de population, épure nos mœurs sur ce point.

L'AUMÔNIER. — La passion de deux hommes pour une même femme, ou le goût de deux femmes ou de deux filles pour un même homme n'occasionnent-ils point de désordres?

OROU. — Je n'en ai pas encore vu quatre exemples : le choix de la femme ou celui de l'homme finit tout. La violence d'un homme serait une faute grave; mais il faut une plainte publique, et il est presque inouï qu'une fille ou qu'une femme se soit plainte. La seule chose que j'aie remarquée, c'est que nos femmes ont moins de pitié des hommes laids que nos jeunes gens des femmes disgraciées, et nous n'en sommes pas fâchés.

L'AUMÔNIER. — Vous ne connaissez guère la jalousie, à ce que je vois; mais la tendresse maritale, l'amour paternel, ces deux sentiments si puissants et si doux, s'ils ne sont pas étrangers ici, y doivent être assez faibles.

OROU. — Nous y avons suppléé par un autre qui est tout autrement général, énergique et durable, l'intérêt. Mets la main sur la conscience; laisse là cette fanfaronnade de vertu, qui est sans cesse sur les lèvres de tes camarades, et qui ne réside pas au fond de leur cœur. Dis-moi si, dans quelque contrée que ce soit, il y a un père qui, sans la honte qui le retient, n'aimât mieux perdre sa femme que sa fortune et l'aisance de toute sa vie? Sois sûr que partout où l'homme sera attaché à la conservation de son semblable comme à son lit, à sa santé, à son repos, à sa cabane, à ses fruits, à ses champs, il fera pour lui tout ce qu'il sera possible de faire. C'est ici que les pleurs trempent la couche d'un enfant qui souffre; c'est ici que les mères sont soignées dans la maladie; c'est ici qu'on prise une femme féconde, une fille nubile, un garçon adolescent; c'est ici qu'on s'occupe de leur institution, parce que leur conservation est toujours un accroissement, et leur perte une diminution de fortune.

L'AUMÔNIER. — Je crains bien que ce sauvage n'ait raison. Le paysan misérable de nos contrées, qui excède sa femme pour soulager son cheval, laisse périr son enfant sans secours, et appelle le médecin pour son bœuf.

OROU. — Je n'entends pas trop ce que tu

viens de dire; mais, à ton retour dans ta patrie si bien policée, tâche d'y introduire ce ressort, et c'est alors qu'on y sentira le prix de l'enfant qui naît et l'importance de la population. Veux-tu que je te révèle un secret? mais prends garde qu'il ne t'échappe. Vous arrivez : nous vous abandonnons nos femmes et nos filles; vous vous en étonnez, vous nous en témoignez une gratitude qui nous fait rire; vous nous remerciez, lorsque nous asseyons sur toi et sur tes compagnons la plus forte de toutes les impositions. Nous ne t'avons point demandé d'argent; nous ne nous sommes point jetés sur tes marchandises; nous avons méprisé tes denrées; mais nos femmes et nos filles sont venues exprimer le sang de tes veines. Quand tu t'éloigneras, tu nous auras laissé des enfants; ce tribut levé sur ta personne, sur ta propre substance, à ton avis, n'en vaut-il pas bien un autre? Et si tu veux en apprécier la valeur, imagine que tu aies deux cents lieues de côtes à courir, et qu'à chaque vingt milles on te mette à pareille contribution. Nous avons des terres immenses en friche, nous manquons de bras, et nous t'en avons demandé. Nous avons des calamités épidémiques à réparer, et nous t'avons employé à réparer le vide qu'elles laisseront. Nous avons des ennemis voisins à combattre, un besoin de soldats, et nous t'avons prié de nous en faire; le nombre de nos femmes et de nos filles est trop grand pour celui des hommes, et nous t'avons associé à notre tâche. Parmi ces femmes et ces filles, il y en a dont nous n'avons pu obtenir d'enfants, et ce sont celles que nous avons exposées à vos premiers embrassements. Nous avons à payer une redevance en hommes à un voisin oppresseur, c'est toi et nos camarades qui nous défrayerez; et, dans cinq ou six ans, nous lui

enverrons vos fils, s'ils valent moins que les
nôtres. Plus robustes, plus sains que vous,
nous nous sommes aperçus que vous nous
surpassiez en intelligence, et, sur-le-champ,
nous avons destiné quelques unes de nos
femmes et de nos filles les plus belles à recueillir la semence d'une race meilleure que
la nôtre. C'est un essai que nous avons tenté,
et qui pourra nous réussir. Nous avons tiré de
toi et des tiens le seul parti que nous en pouvions tirer, et crois que, tout sauvages que
nous sommes, nous savons aussi calculer. Va
où tu voudras, et tu trouveras toujours
l'homme aussi fin que toi. Il ne te donnera
jamais que ce qui ne lui est bon à rien, et te
demandera toujours ce qui lui est utile. S'il te
présente un morceau d'or pour un morceau de
fer, c'est qu'il ne fait aucun cas de l'or et
qu'il prise le fer. Mais, dis-moi donc pourquoi
tu n'es pas vêtu comme les autres? Que signifie cette casaque longue qui t'enveloppe
de la tête aux pieds, et ce sac pointu que tu
laisses tomber sur tes épaules ou que tu ra-
mènes sur tes oreilles?

L'AUMÔNIER. — C'est que, tel que tu me vois,
je me suis engagé dans une société d'hommes
qu'on appelle, dans mon pays, des moines. Le
plus sacré de leurs vœux est de n'approcher
d'aucune femme, et de ne point faire d'enfants.

OROU. — Que faites-vous donc?

L'AUMÔNIER. — Rien.

OROU. — Et ton magistrat souffre cette espèce de paresseux, la pire de toutes?

L'AUMÔNIER. — Il fait plus, il la respecte et
la fait respecter.

OROU. — Ma première pensée était que la
nature, quelque accident ou un art cruel vous
avait privés de la faculté de produire votre
semblable, et que, par pitié, on aimait mieux

vous laisser vivre que de vous tuer. Mais, moine, ma fille m'a dit que tu étais un homme, et un homme aussi robuste qu'un Otaïtien, et qu'elle espérait que tes caresses réitérées ne seraient pas infructueuses. A présent que j'ai compris pourquoi tu t'es écrié hier au soir : « Mais ma religion! mais mon état! » Pourrais-tu m'apprendre le motif de la faveur et du respect que les magistrats vous accordent ?

L'AUMÔNIER. — Je l'ignore.

OROU. — Tu sais au moins par quelle raison, étant homme, tu t'es librement condamné à ne pas l'être ?

L'AUMÔNIER. — Cela serait trop long et trop difficile à t'expliquer.

OROU. — Et ce vœu de stérilité, le moine y est-il bien fidèle ?

L'AUMÔNIER. — Non.

OROU. — J'en étais sûr. Avez-vous aussi des moines femelles ?

L'AUMÔNIER. — Oui.

OROU. — Aussi sages que les moines mâles ?

L'AUMÔNIER. — Plus renfermées, elles sèchent de douleur, périssent d'ennui.

OROU. — Et l'injure faite à la nature est vengée. Oh! le vilain pays! Si tout y est ordonné comme ce que tu m'en dis, vous êtes plus barbares que nous.

Le bon aumônier raconte qu'il passa le reste de la journée à parcourir l'île, à visiter les cabanes, et que le soir, après avoir soupé, le père et la mère, l'ayant supplié de coucher avec la seconde de leurs filles, Palli s'était présentée dans le même déshabillé que Thia, et qu'il s'était écrié plusieurs fois pendant la nuit : « Mais ma religion! mais mon état! » Que la troisième nuit il avait été agité des mêmes remords avec Asto, l'aînée, et que la

quatrième nuit il l'avait accordée, par honnêteté, à la femme de son hôte.

IV

SUITE DU DIALOGUE.

A. — J'estime cet aumônier poli.

B. — Et moi beaucoup davantage les mœurs
des Otaïtiens et le discours d'Orou.

A. — Quoiqu'un peu modelé à l'européenne.

B. — Je n'en doute pas.

Ici le bon aumônier se plaint de la brièveté de son séjour dans Otaïti, et de la difficulté de mieux connaître les usages d'un
peuple assez sage pour s'être arrêté de lui-
même à la médiocrité, ou assez heureux pour
habiter un climat dont la fertilité lui assu-
rait un long engourdissement; assez actif
pour s'être mis à l'abri des besoins absolus
de la vie, et assez indolent pour que son in-
nocence, son repos et sa félicité n'eussent
rien à redouter d'un progrès trop rapide de
ses lumières. Rien n'y était mal, par l'opinion
et par la loi, que ce qui était mal de sa nature. Les travaux et les récoltes s'y faisaient
en commun. L'acception du mot *propriété* y
était très-étroite; la passion de l'amour, ré-
duite à un simple appétit physique, n'y pro-
duisait aucun de nos désordres. L'île entière
offrait l''mage d'une seule famille nombreuse,
dont chaque cabane représentait les divers
appartements d'une de nos grandes maisons.
Il finit par protester que ces Otaïtiens seront
toujours présents à sa mémoire; qu'il avait
été tenté de jeter ses vêtements dans le
vaisseau, et de passer le reste de ses jours
parmi eux, et qu'il craint bien de se repentir
plus d'une fois de ne l'avoir fait.

A. — Malgré cet éloge, quelles conséquences utiles à tirer des mœurs et des usages bizarres d'un peuple non civilisé?

B. — Je vois qu'aussitôt que quelques causes physiques, telles, par exemple, que la nécessité de vaincre l'ingratitude d'un sol, ont mis en jeu la sagacité de l'homme, cet élan le conduit bien au delà du but, et que le terme du besoin passé, on est porté dans l'océan sans bornes des fantaisies d'où l'on ne se tire plus. Puisse l'heureux Otaïtien s'arrêter où il en est! Je vois que, excepté dans ce recoin écarté de notre globe, il n'y a point eu de mœurs et qu'il n'y en aura peut-être jamais nulle part.

A. — Qu'entendez-vous donc par des mœurs?

B. — J'entends une soumission générale et une conduite conséquente à des lois bonnes ou mauvaises. Si les lois sont bonnes, les mœurs sont bonnes; si les lois sont mauvaises, les mœurs sont mauvaises; si les lois, bonnes ou mauvaises, ne sont point observées, la pire condition d'une société, il n'y a point de mœurs. Or, comment voulez-vous que des lois s'observent quand elles se contredisent? Parcourez l'histoire des siècles et des nations, tant anciennes que nouvelles, et vous trouverez les hommes assujettis à trois Codes: le Code de la nature, le Code civil et le Code religieux, et contraints d'enfreindre alternativement ces trois Codes, qui n'ont jamais été d'accord; d'où il est arrivé qu'il n'y a eu dans aucune contrée, comme Orou l'a deviné de la nôtre, ni homme, ni citoyen, ni religieux.

A. — D'où vous conclurez sans doute que, en fondant la morale sur les rapports éternels qui subsistent entre les hommes, la loi religieuse devient peut-être superflue, et que la loi civile ne doit être que l'énonciation de la loi de la nature.

B. — Et cela sous peine de multiplier les méchants au lieu de faire des bons.

A. — Ou que, si l'on juge nécessaire de les conserver toutes trois, il faut que les deux dernières ne soient que des calques rigoureux de la première, que nous apportons gravée au fond de nos cœurs, et qui sera toujours la plus forte.

B. — Cela n'est pas exact. Nous n'apportons en naissant qu'une similitude d'organisation avec d'autres êtres; les mêmes besoins, de l'attrait vers les mêmes plaisirs, une aversion commune pour les mêmes peines, voilà ce qui constitue l'homme ce qu'il est, et doit fonder la morale qui lui convient.

A. — Cela n'est pas aisé.

B. — Cela est si difficile, que je croirais volontiers que le peuple le plus sauvage de la terre, l'Otaïtien, qui s'en est tenu scrupuleusement à la loi de la nature, est plus voisin d'une bonne législation qu'aucun peuple civilisé.

A. — Parce qu'il lui est plus facile de se défaire de son trop de rusticité qu'à nous de revenir sur nos pas et de réformer nos abus.

B. — Surtout ceux qui tiennent à l'union de l'homme et de la femme.

A. — Cela se peut. Mais commençons par le commencement. Interrogeons bonnement la nature, et voyons, sans partialité, ce qu'elle nous répondra sur ce point.

B. — J'y consens.

A. — Le mariage est-il dans la nature?

B. — Si vous entendez par le mariage la préférence qu'une femelle accorde à un mâle sur tous les autres mâles, ou celle qu'un mâle donne à une femelle sur toutes les autres femelles; préférence mutuelle, en conséquence de laquelle il se forme une union plus ou moins durable, qui perpétue l'espèce par la reproduction des individus. le mariage est dans la nature.

A. — Je le pense comme vous; car cette préférence se remarque non-seulement dans l'espèce humaine, mais encore dans les autres espèces d'animaux: témoin ce nombreux cortége de mâles qui poursuivent une même femelle au printemps, et dont un seul obtient le titre de mari. Et la galanterie?

B. — Si vous entendez par galanterie cette variété de moyen énergiques ou délicats que la passion inspir soit au mâle, soit à la femelle, pour obten cette préférence qui conduit à la plus douce la plus importante et la plus générale des jouissances, la galanterie est dans la nature.

A. — Je le pense comme vous. Témoin cette diversité de gentillesses pratiquées par le mâle pour plaire à la femelle, par la femelle pour irriter la passion et fixer le goût du mâle. Et la coquetterie?

B. — C'est un mensonge qui consiste à simuler une passion qu'on ne sent pas, et à promettre une préférence qu'on n'accordera pas. Le mâle coquet se joue de la femelle. La femelle coquette se joue du mâle; jeu perfide, qui amène quelquefois les catastrophes les plus funestes; manége ridicule dont le trompeur et le trompé sont également châtiés par la porte des instants les plus précieux de leur vie.

A. — Ainsi la coquetterie, selon vous, n'est pas dans la nature?

B. — Je ne dis pas cela.

A. — Et la constance?

B. — Je ne vous en dirai rien de mieux que ce qu'en a dit Orou à l'aumônier. Pauvre vanité de deux enfants qui s'ignorent eux-mêmes, et que l'ivresse d'un instant aveugle sur l'instabilité de tout ce qui les entoure!

A. — Et la fidélité, ce rare phénomène?

B. — Presque toujours l'entêtement et le supplice de l'honnête homme et de l'honnête femme dans nos contrées, chimère à Otaïti.

A. — Et la jalousie?

B. — Passion d'un animal indigent et avare qui craint de manquer; sentiment injuste de l'homme; conséquence de nos fausses mœurs et d'un droit de propriété étendu sur un objet sentant, pensant, voulant et libre.

A. — Ainsi la jalousie, selon vous, n'est pas dans la nature?

B. — Je ne dis pas cela. Vices et vertus, tout est également dans la nature.

A. — Le jaloux est sombre.

B. — Comme le tyran, parce qu'il en a la conscience.

A. — La pudeur?

B. — Mais vous m'engagez là dans un cours de morale galante. L'homme ne veut être ni troublé, ni distrait dans ses jouissances. Celles de l'amour sont suivies d'une faiblesse qui l'abandonnerait à la merci de son ennemi. Voilà tout ce qu'il peut y avoir de naturel dans la pudeur; le reste est d'institution. L'aumônier remarque dans un troisième morceau, que je ne vous ai point lu, que l'Otaïtien ne rougit pas des mouvements involontaires qui s'excitent en lui à côté de sa femme, au milieu de ses filles, et que celles-ci en sont spectatrices, quelquefois émues, jamais embarrassées. Aussitôt que la femme devient la propriété de l'homme, et que la jouissance furtive d'une fille fut regardée comme un vol, on vit naître les termes *pudeur, retenue, bienséance*, des vertus et des vices imaginaires, en un mot, entre les deux sexes des barrières qui les empêchassent de s'inviter réciproque-

ment à la violation des lois qu'on leur avait
imposées et qui produisirent souvent un effet
contraire, en échauffant l'imagination et en
irritant les désirs. Lorsque je vois des arbres
plantés autour de nos palais, et un vêtement
de col qui cache et montre une partie de la
gorge d'une femme, il me semble reconnaître
un retour secret vers la forêt, et un appel
secret à la liberté première de notre ancienne
demeure. L'Otaïtien nous dirait : « Pourquoi
te caches-tu? De quoi es-tu honteux? Fais-
tu le mal quand tu cèdes à l'impulsion la plus
auguste de la nature? Homme, présente-toi
franchement si tu plais. Femme, si cet homme
te convient, reçois-le avec la même fran-
chise. »

A. — Ne vous fâchez pas. Si nous débutons
comme des hommes civilisés, il est rare que
nous ne finissions pas comme l'Otaïtien.

B. — Oui, ces préliminaires de convention
consument la moitié de la vie d'un homme
de génie.

A. — J'en conviens; mais qu'importe, si
cet élan pernicieux de l'esprit humain, contre
lequel vous vous êtes récrié tout à l'heure,
en est d'autant plus ralenti? Un philosophe
de nos jours, interrogé pourquoi les hommes
faisaient la cour aux femmes, et non les
femmes la cour aux hommes, répondit qu'il
était naturel de demander à celui qui pouvait
toujours accorder.

B. — Cette raison m'a paru de tout temps
plus ingénieuse que solide. La nature, indé-
cente si vous voulez, presse indistinctement
un sexe vers l'autre : et dans un état de
l'homme brute et sauvage qui se conçoit,
mais qui n'existe peut-être nulle part...

A. — Pas même à Otaïti?

B. — Non; l'intervalle qui séparerait un
homme d'une femme serait franchi par le

plus amoureux. S'ils s'attendent, s'ils se fuient, s'ils se poursuivent, s'ils s'évitent, s'ils s'attaquent, s'ils se défendent, c'est que la passion, inégale dans ses progrès, ne s'applique pas en eux de la même force. D'où il arrive que la volupté se répand, se consomme et s'éteint d'un côté, lorsqu'elle commence à peine à s'élever de l'autre, et qu'ils en restent tristes tous deux. Voilà l'image fidèle de ce qui se passerait entre deux êtres jeunes, libres et parfaitement innocents. Mais, lorsque la femme a connu, par l'expérience ou l'éducation, les suites plus ou moins cruelles d'un moment doux, son cœur frissonne à l'approche de l'homme. Le cœur de l'homme ne frissonne point; ses sens commandent, et il obéit. Les sens de la femme s'expliquent, et elle craint de les écouter. C'est l'affaire de l'homme que de la distraire de sa crainte, de l'enivrer et de la séduire. L'homme conserve toute son impulsion naturelle vers la femme; l'impulsion naturelle de la femme vers l'homme, dirait un géomètre, est en raison composée de la directe de la passion et de l'inverse de la crainte, raison qui se complique d'une multitude d'éléments divers dans nos sociétés, éléments qui encourent presque tous à accroître la pusillanimité d'un sexe et la durée de la poursuite de l'autre. C'est une espèce de tactique où les ressources de la défense et les moyens de l'attaque ont marché sur la même ligne. On a consacré la résistance de la femme; on a attaché l'ignominie à la violence de l'homme, violence qui ne serait qu'une injure légère dans Otaïti, et qui devient un crime dans nos cités.

A. — Mais comment est-il arrivé qu'un acte dont le but est si solennel, et auquel la nature nous invite par l'attrait le plus puissant; que le plus grand, le plus doux, le plus innocent des plaisirs soit devenu la source la plus féconde de notre dépravation et de nos maux?

B. — Orou l'a fait entendre dix fois à l'aumônier; écoutez-le donc encore, et tâchez de le retenir.

C'est par la tyrannie de l'homme, qui a converti la possession de la femme en une propriété.

Par les mœurs et les usages, qui ont surchargé de conditions l'union conjugale.

Par les lois civiles, qui ont assujetti le mariage à une infinité de formalités.

Par la nature de notre société, où la diversité des fortunes et des rangs a institué des convenances et des disconvenances.

Par une contradiction bizarre, et commune à toutes les sociétés subsistantes, où la naissance d'un enfant, toujours regardée comme un accroissement de richesse pour la nation, est plus souvent et plus sûrement encore un accroissement d'indigence dans la famille.

Par les vues politiques des souverains, qui ont tout rapporté à leur intérêt et à leur sécurité.

Par les institutions religieuses qui ont attaché les noms de vices et de vertus à des actions qui n'étaient susceptibles d'aucune moralité.

Combien nous sommes loin de la nature et du bonheur! L'empire de la nature ne peut-être détruit; on aura beau le contrarier par des obstacles, il durera. Écrivez tant qu'il vous plaira sur des tables d'airain, pour me servir des expressions du sage Marc-Aurèle, que le frottement de deux intestins est un crime, le cœur de l'homme sera froissé entre la menace de votre inscription et la violence de ses penchants. Mais ce cœur indocile ne cessera de réclamer; et cent fois, dans le cours de la vie, vos caractères effrayants disparaîtront à nos yeux. Gravez sur le marbre : « Tu ne mangeras ni de l'ixion ni du griffon ; tu ne connaîtras que ta femme ; tu ne seras point le mari de ta sœur, » mais vous n'oublierez pas d'accroître les châtiments à proportion de la bizarrerie de vos défenses ; vous deviendrez féroces, et vous ne réussirez point à me dénaturer.

A. — Que le Code des nations serait court si on le conformait rigoureusement à celui de la nature ! Combien d'erreurs et de vices épargnés à l'homme !

B. — Voulez-vous savoir l'histoire abrégée de presque toute notre misère ? La voici : il existait un homme naturel ; on a introduit au dedans de cet homme un homme artificiel, et il s'est élevé dans la caverne une guerre civile qui dure toute la vie. Tantôt l'homme naturel est le plus fort, tantôt il est terrassé par l'homme moral et artificiel ; et dans l'un et l'autre cas, le triste monstre est tiraillé, tenaillé, tourmenté, étendu sur la roue, sans cesse gémissant, sans cesse malheureux, soit qu'un faux enthousiasme de gloire le transporte et l'enivre, ou qu'une fausse ignominie le couche et l'abatte. Cependant il est des circonstances extrêmes qui ramènent l'homme à sa première simplicité.

A. — La misère et la maladie, deux grands exorcistes.

B. — Vous les avez nommés. En effet, que deviennent alors toutes ces vertus conventionnelles ? Dans la misère, l'homme est sans remords, et dans la maladie la femme est sans pudeur.

A. — Je l'ai remarqué.

B. — Mais un autre phénomène, qui ne vous aura pas échappé davantage, c'est que le retour de l'homme artificiel et moral suit pas à pas les progrès de l'état de maladie à l'état de convalescence, et de l'état de convalescence à l'état de santé. Le moment où l'infirmité cesse est celui où la guerre intestine recommence, et presque toujours avec désavantage pour l'intrus.

A. — Il est vrai. J'ai moi-même éprouvé que l'homme naturel avait dans la convalescence une vigueur funeste pour l'homme artificiel et moral. Mais enfin, dites-moi, faut-il civiliser l'homme ou l'abandonner à son instinct?

B. — Faut-il vous répondre net?

A. — Sans doute.

B. — Si vous vous proposez d'en être le tyran, civilisez-le; empoisonnez-le de votre mieux d'une morale contraire à la nature; faites-lui des entraves de toute espèce; embarrassez ses mouvements de mille obstacles; attachez-lui des fantômes qui l'effrayent; éternisez la guerre dans la caverne, et que l'homme naturel y soit toujours entraîné sous les pieds de l'homme moral. Le voulez-vous heureux et libre? ne vous mêlez pas de ses affaires: assez d'incidents imprévus le conduiront à la lumière et à la dépravation, et demeurez à jamais convaincu que ce n'est pas pour vous, mais pour eux que ces sages législateurs vous ont pétri et maniéré comme vous l'êtes. J'en appelle à toutes les institutions politiques, civiles et religieuses: examinez-les profondément, et je me trompe fort, ou vous y verrez l'espèce humaine pliée de siècle en siècle au joug qu'une poignée de fripons se permettait de lui imposer. Méfiez-vous de celui qui veut mettre de l'ordre. Ordonner, c'est toujours se rendre le maître des autres en les gênant, et les Calabrais sont presque les seuls à qui la flatterie des législateurs n'en ait point encore imposé.

A. — Et cette anarchie de la Calabre vous plaît?

B. — J'en appelle à l'expérience, et je gage que leur barbarie est moins vicieuse que notre urbanité. Combien de petites scélératesses compensent ici l'atrocité de quelques grands crimes dont on fait tant de bruit! Je considère les hommes non civilisés comme une multitude de ressorts épars et isolés. Sans doute, s'il arrivait à quelques-uns de ces ressorts de se choquer, l'un ou l'autre, ou tous les deux se briseraient. Pour obvier à cet inconvénient, un individu d'une sagesse profonde et d'un génie sublime rassembla ces ressorts et en composa une machine; et dans cette machine, appelée société, tous les ressorts furent rendus agissants, réagissants les uns contre les autres, sans cesse fatigués, et il s'en rompit plus dans un jour, sous l'état de législation, qu'il ne s'en rompait en un an sous l'anarchie de la nature. Mais quel fracas! quel ravage! quelle énorme destruction de petits ressorts lorsque deux, trois, quatre de ces énormes machines vinrent à se heurter avec violence!

A. — Ainsi, vous préféreriez l'état de nature brute et sauvage?

B. — Ma foi, je n'oserais prononcer; mais je sais qu'on a vu plusieurs fois l'homme des villes se dépouiller et rentrer dans la forêt, et qu'on n'a jamais vu l'homme de la forêt, se vêtir et s'établir dans la ville.

A. — Il m'est venu souvent dans la pensée que la somme des biens et des maux était variable pour chaque individu; mais que le bonheur ou le malheur d'une espèce animale quelconque avait sa limite, qu'elle ne pouvait franchir, et que peut-être nos efforts nous rendaient en dernier résultat autant d'inconvénients que d'avantages; en sorte que nous étions bien tourmentés pour accroître les deux membres d'une équation, entre lesquels il subsistait une éternelle et nécessaire égalité. Cependant je ne doute pas que la vie moyenne de l'homme civilisé ne soit plus longue que la vie moyenne de l'homme sauvage.

B. — Et si la durée d'une machine n'est pas une juste mesure de son plus ou moins de fatigue, qu'en concluez-vous?

A. — Je vois que, à tout prendre, vous incleneriez à croire les hommes d'autant plus méchants et plus malheureux qu'ils sont plus civilisés?

· B. — Je ne parcourrai point toutes les contrées de l'univers, mais je vous avertis que vous ne trouverez la condition de l'homme heureuse que dans Otaïti, et supportable que dans un recoin de l'Europe. Là des maîtres ombrageux et jaloux de leur sécurité se sont occupés à le tenir dans ce que vous appelez l'abrutissement.

A. — A Venise, peut-être?

B. — Pourquoi non? Vous ne nierez pas du moins qu'il n'y a nulle part moins de lumières acquises, moins de morale artificielle et moins de vices et de vertus chimériques.

A. — Je ne m'attendais pas à l'éloge de ce gouvernement.

B. — Aussi ne le fais-je pas. Je vous indique une espèce de dédommagement de la servitude que tous les voyageurs ont senti et préconisé.

A. — Pauvre dédommagement!

B. — Peut-être. Les Grecs proscrivirent celui qui avait ajouté une corde à la lyre de Mercure.

A. — Et cette défense est une satire sanglante de leurs premiers législateurs. C'est la première corde qu'il fallait couper.

B. — Vous m'avez compris. Partout où il

y a une lyre il y a des cordes. Tant que les appétits naturels seront sophistiqués, comptez sur des femmes méchantes.

A. — Comme la Reymer.

B. — Sur des hommes atroces.

A. — Comme Gardeil.

B. — Et sur des infortunés à propos de rien.

A. — Comme Tanié, mademoiselle de la Chaux; le chevalier Desroches et madame de la Carlière (1). Il est certain qu'on chercherait inutilement dans Otaïti des exemples de la dépravation des deux premiers et du malheur des trois derniers. Que ferons-nous donc? Reviendrons-nous à la nature? Nous soumettrons-nous aux lois?

B. — Nous parlerons contre les lois insensées jusqu'à ce qu'on les réforme; et, en attendant, nous nous y soumettrons. Celui qui, de son autorité privée, enfreint une mauvaise loi, autorise tout autre à enfreindre les bonnes. Il y a moins d'inconvénients à être fou avec des fous qu'à être sage tout seul. Disons-nous à nous-même : crions incessamment qu'on a attaché la honte, le châtiment et l'ignominie à des actions innocentes en elles-mêmes, mais ne les commettons pas, parce que la honte, le châtiment et l'ignominie sont les plus grands de tous les maux. Imitons le bon aumônier, moine en France, sauvage dans Otaïti.

A. — Prendre le froc du pays où l'on va et garder celui du pays où l'on est.

B. — Et surtout être honnête et sincère jusqu'au scrupule avec des êtres fragiles qui ne peuvent faire notre bonheur sans renon-

(1) La Reymer, Gardeil, Tanié, mademoiselle de la Chaux, Desroches, madame de la Carlière, personnages des *Contes* de Diderot, publiés dans notre Collection (tomes XV, XVI XVII)

cer aux avantages les plus précieux de nos sociétés. Et ce brouillard épais, qu'est-il devenu?

A. — Il est tombé.

B. — Et nous serons encore libres, cet après-dîner, de sortir ou de rester ?

A. — Cela dépendra, je crois, un peu plus des femmes que de nous.

B. — Toujours les femmes! On ne saurait faire un pas sans les rencontrer à travers son chemin.

A. — Si nous leur lisions l'entretien de l'aumônier et d'Orou.

B. — A votre avis, qu'en diraient-elles ?

A. — Je n'en sais rien.

B. — Et qu'en penseraient-elles ?

A. — Peut-être le contraire de ce qu'elles en diraient.

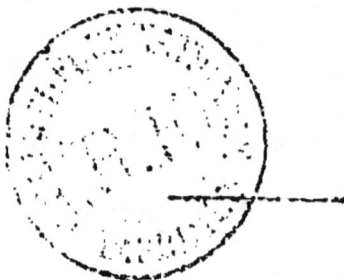

Paris. — Imprimerie Nouvelle (assoc. oúvrière), 11, rue Cadet.

A. Mangeot, directeur